행복한 중소 벤처기업

사장과 직원, 모두를 위한 삶의 행복과 성공의 길

행복한 중소벤처기업

김주봉

"생생한 현장체험을 담아 전하는 중소벤처기업의 꿈과 희망"

다양한 경험 **무한한 가능성** **성취와 보람**

우리나라 국민의 90%가 몸담은 중소벤처기업과 소기업
그 기업들이 행복해야 사회와 우리 삶도 행복하다

밥북

중소벤처기업에서 찾는 희망의 길, 행복의 길

코로나 19 사태 여파로 인해 정치, 경제, 사회적으로 많은 어려움을 겪고 있다. 특히 대학을 졸업하고 사회진출을 기다리는 20·30, 즉 MZ 세대가 겪는 고통은 부모와 가족들의 고통으로 이어진다. 일자리가 급속하게 줄어들어 양질의 일자리를 얻는 일은 갈수록 어려워지는 상황이다.

2021년 5월 3일 통계청과 중소기업연구원에 따르면 2020년 취업자 2,690만4천 명 중 종업원 300인 미만 중소기업 취업자는 2,423만1천 명으로 90.1%를 차지한다. 고등학교나 전문대학, 4년제 대학, 대학원을 졸업하고 사회에 진출하는 20·30 젊은이 가운데 90% 이상은 중소기업에서 일하게 된다는 추론이 가능하고, 우리나라 국민의 90%는 중소벤처기업, 소기업에 몸담고 일하고 있다는 사실을 보여준다.

중소벤처기업에 취업한 젊은이들과 국민 90%는 어떤 꿈을 가지고 살까? 15세~29세 청년 실업률은 2021년 4월 기준 10%를 웃돈다. 아르바이트하는 청년들, 학교에 몸담고 있으면서 취업을 준비하는 학생들, 안정된 일자리를 갈구하며 자금도 방황하는 20·30, MZ세대 미취업자들까지 포함하면 실업문제는 더 심각하다.

중소벤처기업에라도 취업을 희망하는 사람들이 줄을 서는 상황이지만 정작 기업들의 애로사항 또한 절박하다. 입사하면 급여가 적다, 일이 힘들다, 적성에 안 맞는다는 등의 여러 이유를 들어 어렵게 채용한 직원들이 너무 쉽게 자리를 박차고 나가 버리는 탓이다. 적절하게 교육시키고 안정이 될 때쯤이면 경력사원이라는 타이틀을 갖고 대기업이나 중견기업으로 이직한다. 요즘 대기업 입사자 중에 46%가 교육투자 없이 바로 써먹을 수 있는 타 회사 경력자들이라는 통계가 발표되기도 했다.

이런 중소벤처기업의 근본적인 문제는 남의 일이 아니고, 바로 우리들의 일이다. 90%에 해당하는 벤처중소기업 경영자들의 현실적인 문제이고, 그곳에 몸담고 있으나 낮은 급여와 처우에 만족하지 못하며 힘들게 살아가는 우리 아들딸들의 절박한 문제다. 보수정권이든 진보정권이든 이런 근본적인 문제를 해결해 보려고 다양한 정책들을 쏟아내고 많은 투자를 하고 있지만, 결과는 좋지 않다. 중앙정부도, 지방정부도 문제해결을 위해 백화점식의 수많은 지원제도를 쏟아내고 있지만, 효과는 미지수다.

중소벤처기업에도 희망이 있다는 것을, 성공의 길이 있다는 것을, 더 많은 기회가 있다는 것을 알려주고, 보여주고, 설득하는 노력이 필요하다. 38년간 중소벤처기업에서 말단사원으로 시작해 상장회사 CEO가 되기까지 잠잠히 살아온 내 이야기를 들려주고 싶다. 대단한 일, 위대한 일을 이룬 특별한 사람의 특별한 이야기가 아니다. 주어진 여건에서 열정을 갖고 성실하게 살아온 소시민의 진솔한 이야기를 담고 싶었다.

특별한 사람들의 특별한 이야기를 예로 들며 '열심히 노력해라, 최선을 다해라, 남다른 노력을 해라'라는 식의 이야기는 요즘 MZ 세대에겐 진부하고 나이 든 꼰대들이나 하는 잔소리로 들리기에 십상이다. 이들을 설득하는 데는 특별하지 않지만 성실히 살아온 나 같은 사람의 진솔한 고백이 필요하지 않을까 생각했다.

MZ 세대 젊은이들은 워라밸이라는 기준선을 그어놓고 산다. 너무 열심히 일하며 소소한 행복을 포기하는 것도 싫다. 많은 것을 얻으려고 힘들어도 참고 견디라는 것도 무리한 요구다. 하고 싶은 일을 하며 스스로 얻은 성취감을 통해서 행복을 찾고 싶어 하는 우리의 아들딸들에게 우리 기성세대들이 눈높이를 조금 낮추고 이야기를 들어주고, 이해해 주고 앞길을 열어주자.

사장님도, 임직원도 모두 행복한 회사로 안내하고 싶다.
행복한 회사를 통해 행복해지는 세상을 그리며 이 책을 쓴다.

2021년 한여름에

김주봉

나는 만 30년째 언론계에서 일하고 있다. 첫 직장 한국경제신문에서 10년, 현 머니투데이에서 20년째 근무 중이다. 30년 중 27년을 산업, 특히 중소·벤처기업(제조·서비스, 스타트업·벤처, 소상공업) 분야를 담당하고 있다.

이 책의 저자인 김주봉 작가는 십수 년 전 취재 과정에서 알게 됐고 현재까지 좋은 인연을 이어오고 있다. 30년간 대략 3,000여 명 이상의 기업 CEO를 만나고 알게 됐지만, 업무 외적으로 인생 벗 같은 만남을 이어오는 CEO는 손꼽을 정도다. 김주봉 작가와는 음악 예술인들과 메세나(문화예술 지원) 기업인들로 이뤄진 인생 벗그룹 '공연&문화허브 M터치'의 일원으로서 오랫동안 함께하면서 '선한 영향력'을 나누고 전파하고 있다. M터치 주관행사의 일환으로, 김주봉 작가와 나는 몇 년 전 러시아 유즈노사할린스크에서 사할린 동포 위문공연을 하기도 했고, 김주봉 작가가 대표이사로 재직하던 국내 최대의 음향기기 제조업체 인터엠의 명성에 걸맞게 '인터엠배 직장인 밴드 페스티벌'을 만들어 3년째 진행해오고 있다.

이 책은 저자가 38년 동안 몇몇 기업에서 사원으로, 간부로, 임원으로, 상장회사(인터엠) 대표이사로 일하면서 겪고 느꼈던 것들을 기록한 수필 형태의 체험기이다. 한마디로 중소벤처기업에도 얼마든지 꿈과 비전과 희망이 있으니 임직원들이 합심하여 즐거운 일터와 좋은 기업문화 만들기에 힘쓰고, 그 성과와 보람을 만끽하면서 사회에 기여할 수 있다는 교훈적 메시지를 담고 있다.

저자의 평소 언행에서 나타난 성실함과 우직함, 타인 배려심, 좋은 인간관계와 인연 중시 마인드 등 여러 긍정적 요소들이 회사 조직 내에서도 '끌림'과 '울림'으로 작용하면서 샐러리맨들의 꿈인 최고경영자 자리까지 올랐으니, 이 책이 인생 후배들에게 직장 생활, 사회생활의 길라잡이가 되기에 충분하리라 본다.

저자는 직장인으로서 자기계발 및 역량 함양과 함께 특히 인간관계, 즉 회사 안팎의 평판과 인연을 중시한다. 저자가 몇몇 직장을 옮기면서 중책을 맡는 과정들을 보면, 주변의 평판이 얼마나 좋았고 얼마나 좋은 인연을 쌓았는지 가늠하기 어렵지 않다.

역량과 성과를 인정받아 남달리 빠른 승진을 거듭했던 인켈에서 해외 지사장을 맡았던 점, 인켈 비서실에서 전문경영인을 모신 인연으로 맥슨전자와 인연이 시작됐고 이어 맥슨전자 태국 법인장을 맡은 점, 홍콩에서 신앙생활을 같이 했던 모 사장님 덕에 프랜차이즈 사업을 했던 점, 인켈 입사 동기인 모 사장님과의 인연으로 디앤티라는 코스닥 상장회사에서 임원으로 10년 넘게 근무했고 디앤티의 자회사인 보문테크닉스 대표이사로 3년을 일한 점 등 중요한 터닝포인트 때마다 좋은 인연이 함께 했음을 알 수 있다.

코로나19 바이러스가 인류에게 '동작 그만' 지령을 내린 지 1년 반 정도 지난 현재, 세계적인 백신 접종 확산과 변이바이러스 등장으로 확진자 감소와 재확산이 반복되는 모습을 보이고 있다. 코로나 바이러스가 당초 예상을 훨씬 뛰어넘는 긴 기간 인간의 심신을 옥죄는 동안, 우리의 일상생활도 경제·산업·문화·예술도 새롭게 변모·변화하면서 이제 현 인류의 삶은 코로나19 이전과 이후로 구분 지을 수 있을 만큼 중대전환기를 우리는 겪고 있다.

특히 4차 산업혁명 시대 도래와 포스트 코로나 시대에 맞는 새로운 사업들의 등장으로 '스타트업' 전성기를 맞고 있다. 저자가 책에서 강조하는 것처럼, 공무원 공기업 대기업이나 금융권을 부러워하지 말고, 일인다역을 하는 중소벤처기업에 들어가 많은 일과 경험을 쌓거나 직접 창업에 나서는 인생도전자들이 늘어나기를 간절히 바란다.

문병환

(머니투데이 중소기업센터장/
전 한국경제신문 벤처 중소기업부 기자)

목차

Part 2.

함께 꾸는 꿈은 아름답다

Part 3.

회사와 함께 직원과 함께

Part 4.

회사와 함께 크는 행복

Part 1

도전하고
배우다

처음 선택이 평생을 좌우한다

"순간의 선택이 10년을 좌우한다."
모 대기업 전자회사가 오랫동안 광고홍보 문구로 써왔었던 말이다. 사람은 늘 선택하면서 산다. 그 처음 선택에 우리의 삶이 좌우되고 결정되며 그 선택으로 인해 또 다른 선택을 하게 되는 숙명을 경험한다. 자기가 가진 능력과 꿈과 현실적인 여건들을 고려해서 최상의 것을 택해 가는 것이 우리 삶의 과정이다.

나는 대학에서 산업공학을 전공했다. 같은 전공을 했어도 대학 동기들과 내 지금 모습은 다르다. 무역회사에 처음 입사한 친구는 무역업에서 배운 것으로 평생을 먹고 산다. 프로그램에 흥미가 있어 전산 업무에 첫발을 디딘 친구는 컴퓨터 시스템과 관련된 일을 늦은 나이까지 하고 있다. 산업공학의 본질은 공장의 효율적인 운영인데 이쪽 분야로 취업한 친구는 품질관리, 생산관리, 물류관리, 영업관리 등 관리분야에서 전문가로서 역할을 하고 있다. 이렇듯 대학 졸업 후 사회 진출하며 처음 선택한 일이 그 사람의 평생을 좌우한다.

대학을 졸업하며 대기업 입사를 포기하고 중소기업 '인켈을 선택했다. 그렇게 생산관리 업무로 시작, 사업관리, 구매관리, 해외법인 책임자, 코스닥 상장기업 CFO*와 비상장 중소벤처기업 CEO를 거쳐 코스닥 상장회사 대표이사로 직장생활을 마감했다. 처음 선택의 결과다. 그 처음 선택은 뿌리가 되었고 그 끝에 꿈꾸던 열매를 맺었다. 처음 선택을 하면서 그곳에 꿈을 심었고, 꿈을 심은 곳에서 열매가 열렸다. 대단한 열매는 아니다. 하지만 그 꿈의 결실을 얻은 한 평범한 직장인이 오늘을 사는 젊은이들, 같은 세대를 살아온 분들과 이야기를 나누고 싶었다. 가진 것 없이 평범하게 시작한 직장인이 자기계발을 하며 열심히 살면 회사생활로도 행복한 꿈을 이루며 살 수 있다는 소박한 이야기를 나누고 싶다.

고시에 합격하고, 의사나 약사가 되고, 공기업이나 대기업에 취업하고, 학교 교사나 공무원이 되어 안정적인 생활을 하는 것만이 성공

---

* 회사의 자금 부분 전체를 담당하는 총괄책임자.

하는 삶이 아니라 전 국민의 90% 이상이 몸담은 중소벤처기업에서도 더 멋지고 큰 꿈이 있고, 그렇게 성공하는 삶을 사는 사람들도 많다는 것을 보여주고 공감을 얻고 싶다. 중소벤처기업에 몸담고 사는 그들 모두가 행복해야만 회사도, 개인도, 나라도 모두 행복하다는 아주 평범한 생각을 지닌 소시민의 이야기에 많이 공감했으면 좋겠다. 이 책을 읽는 청년들의 처음 선택도 꿈으로 가득한 중소벤처기업으로 진출이라는 당당한 선택이 되었으면 좋겠다.

꿈을 향한 도전

"자네는 인생에서 이루고 싶은 꿈이 뭔가?"
"네, 열심히 일해서 이 회사의 CEO가 되고 싶습니다. 기회를 주시면 감사하겠습니다."
"거참, 당찬 꿈을 갖고 있구먼. 그래 열심히 해서 그 꿈을 한번 이뤄 보게나."
1984년 11월 말, 음향기기 전문기업 동원전자[현재 회사명은 ㈜인켈] 대회의실에서 신입사원 면접시간에 입사 지원자였던 나와 매당 조동식 회장님 사이에 오갔던 대화다.

그 후 2021년이 되었다. 매당 조동식 회장께서는 18년 전에 고인이 되셨다. 나는 ㈜인터엠의 대표이사로 3년간 일하다가 2021년 7월 초

임기를 마치고 퇴임했다. ㈜인터엠은 1982년 인켈의 자회사로 출발하여 코스닥에 상장된 중소벤처기업이다. 한국에서 산업용 및 상업용 방송 음향장비 산업을 선도하는 명문장수기업이다. 인켈의 대표이사를 꿈꿨던 그 신입사원은 인켈 자회사에서 대표이사의 꿈을 이루었다.

사람은 누구나 꿈을 갖고 산다. 그리고 날마다 그 꿈을 이루기 위해 최선을 다한다. 어른들은 어린 자녀들과 청소년들, 젊은 청년들에게 꿈을 갖고 살아가길 권면한다. 때로는 그 꿈이 부질없는 허망한 꿈일 수도 있고, 때로는 현실적인 소박한 꿈일 수도 있다. 젊은 시절에 가졌던 꿈은 인생을 살아가는 목적이 되고 목표가 되기도 한다.

1984년 중소기업 신입사원이 면접시간에 당차게 CEO가 되고 싶다는 꿈을 이야기했던 일이 현실로 이루어졌다는 것은 많은 의미를 담고 있다. 꿈을 이루기 위해 순간순간마다 남다른 노력도 필요했고, 힘들고 어려울 때마다 참고 이겨내는 인내력도 필요했다. 무엇보다 그 꿈을 오래 간직하고 있어야 했다.

"우리가 바라는 꿈이나 믿는 것을 말할 때 가장 먼저 듣는 이는 자기 자신이다. 이것은 우리가 가능하다고 믿는 것에 대해 우리와 다른 사람 모두를 향한 메시지다."

오프라 윈프리의 말이다.

나이 65세가 되어 지난날을 돌아보면 참 많은 일이 주마등처럼 지나간다. 1984년 무렵에는 돌연 전두환의 군사정권이 들어서서 경제적으로는 꽤 안정감이 있는 시기였으나 정치적으로는 민주화 운동이 한창이어서 크게 혼란스러운 때였다. 경제발전이 급속도로 진전되던 시기여서 대기업, 중소기업 모두 많은 인력을 고용하기 시작했고 대학을 졸업하면 2~3곳에, 많게는 10여 곳에 채용되기도 했던 좋은 때였다. 공무원이나 교사가 되는 것이 크게 부럽지도 않았고, 조금만 노력하면 이룰 수 있는 그런 좋은 시절이었다. 그런 시절이 다시 한 번 와 줄 것이라는 희망을 품어본다.

나는 그날 ㈜인켈 입사시험 마지막 경영진 면접에서 최종 합격이 되어 다음 달인 12월 초부터 신입사원 극기훈련과 회사 OJT 교육을 시작으로 회사생활을 시작했다.

더 멀리 내다보다

'이리 갈까? 저리 갈까? 차라리 돌아갈까?' 유행가 가사의 한 구절이다. 대학 4학년 여름방학이 지나고 2학기가 되면 학교 분위기가 어수선하다. 여름방학 때 실습을 다녀오면서 채용이 결정되면 2학기부터 취업을 하는 학생들도 있고, 2학기 내내 여러 곳에서 들어오는 취업추천서, 취업 안내공고가 많아서 이리 갈까? 저리 갈까? 졸업을 앞둔 4학년생들의 고민이 많았기 때문이다. 취업난이 극심한 지금과는 달리 수도권 4년제 대학이나 지방 국립대 졸업자 수준이면 대기업이나 중견기업, 유망중소기업 어디든 갈 곳이 많은 행복한 시절이었다.

내가 졸업한 대학은 대기업 그룹사가 지원하는 대학이라서 상위권 학생들 대부분이 그 그룹사에 지원하였다. 그다음 선택은 대기업 그룹사의 공채였고, 중견기업이나 중소기업은 마지막 선택지가 되는 것이 일반적인 취업시장구조였다. 학점이 우수한 학생들의 선택은 주로 대기업 그룹사다. 나도 대기업 S 전자를 지원하여 1차 시험에 합격하고, 2차 면접 준비를 앞두고 있었다.

하루는 이런저런 일로 남다른 인연을 가진 학과장님이 날 불렀다.㈜인켈에서 온 추천서를 주면서 정말 좋은 회사이니 지원해 보라고 하시었다. 공교롭게도 S전자의 최종면접 일자와 인켈의 면접 일자가 같은 날이라 이리 갈까? 저리 갈까? 고민을 많이 해야 하는 상황이 되었다.

그 당시 컴퓨터 선도기업 삼보컴퓨터, 통신기기 명문기업 맥슨전자, TV 및 반도체 전문기업 아남전자, 복사기 최고 선진기업 신도리코 등이 각 분야에서 최고의 자리에 있을 정도였고 대기업인 S전자나 L 전자가 부러워하는 중소기업들도 있었다. ㈜인켈은 한국 최고의 음향기기 전문기업으로서 ㈜인켈도 대학생들 사이에서는 좋은 회사로 평가를 받는 유망한 상장중소기업이었다. 대기업과 ㈜인켈 사이에서 나의 선택은 ㈜인켈이었다. ㈜인켈을 선택한 데는 내 나름의 충분한 이유와 나만의 꿈이 있어서다.

인켈을 선택한 가장 큰 이유는 새롭게 도전할 기회를 줄 수 있는 회사라는 점이었다. 본사와 공장 모두 서울에 있어 서울근무가 보장되었고 서울에서 근무하면 야간에 대학원 공부를 할 수 있는 등 자기계발 기회를 충분히 가질 수 있을 것 같았다. 그룹사 공채로 합격하면 지방에서 근무할 확률이 높고, 새로운 것들을 공부하거나 경험하는 기회가 적을 수밖에 없으므로 인켈을 첫 직장으로 선택하는 데 주저하지 않았다.

그 당시 중소기업은 대기업에서 경험하지 못하는 좋은 기회들이 많았다. 많은 것을 경험할 수 있다는 점과 열심히 하면 금방 눈에 띄고 인정을 받는다는 점, 대학졸업자 비중이 높지 않아 승진과 승격에 유리하다는 점 등, 여러 면에서 대기업에서 누리지 못할 많은 기회를 얻을 것이라는 기대로 선택했다. 나의 진로가 결정된 것이다.

꿈과 현실의 괴리와 고뇌

내가 중학교를 졸업하고 진학한 고등학교는 박정희 대통령께서 고향인 경상북도 구미시에 공업입국의 기치를 내걸고 야심 차게 설립한 특수목적 고등학교, 금오공고다.

중화학공업을 시급하게 발전시켜야 했던 정부에서는 산업현장에 필요한 기술인력을 양성하기 위해 몇몇 공업고등학교에 특수목적 과정을 설치해 기능인력을 양성했다. 금오공고는 처음부터 특수목적을 갖고 전국에서 고르게 인재를 모집해 전교생이 기숙사 생활을 하면서 학문과 기술을 배워 졸업 후에는 산업현장에 배치하는 것이 목적이었다.

나는 고향인 경기도 여주에서 중학교에 다녔고, 시울에 있는 인문계 명문고등학교에 갈 꿈을 품고 있었다. 아버지는 농사를 지으시고, 어머니는 여관을 운영하셨기에 경제적으로 그렇게 어려운 환경은 아니었고 서울로 진학하는 꿈을 품고 열심히 공부할 수 있었다. 중학교 3학년 가을 어느 날 초등학교 교사로 재직하던 외당숙이 신문에 난 금오공고 특집기사와 입학 요강을 보고 집에 찾아오셔서 금오공고 입학을 적극적으로 권유하셨다. 어른들 처지에서는 전액 장학생으로 먹여주고, 재워주고, 입혀주고, 공부도 시켜주면서 기술을 가르쳐 사회에 진출시키니 평생 먹고 사는 문제는 해결된다고 판단하셨던 듯하다.

여주에 있는 대부분의 중학교가 우수한 학생들을 추천했는데 20여 개 중학교 중에서 유일하게 나 하나만 합격하게 되었다. 내가 금오공고에 합격했다는 사실은 학교도, 교육청도 자랑스러운 일로 여겼던 것 같다. 중학교 졸업을 하면서 최고상인 교육감상을 받았고, 어머니는 장한 어머니상을 받기도 하셨다. 하지만 중학교 때 공부를 잘해서 서울에 있는 명문고등학교에 입학하려고 준비했던 나에게 공업고등학교에서 기술습득 위주의 교육을 받는 것은 행복하지 않은 일이었다. 기술을 배운다는 것은 육체적으로 힘든 일이었고, 쇠를 줄로 갈아 내는 다듬질 실습을 할 때는 손바닥에 큰 물집이 몇 번씩이나 생겨 심하게 고생을 하기도 했다.

금오공고 1기 입학생의 50% 이상이 전교에서 1등을 했던 학생들이었다고 했다. 그런 우수한 학생들이 입학해 보니 대부분 내가 느꼈던 것같이 학교생활을 힘들고 어려워했다. 시간이 흐를수록 후회하는 학생들이 점점 많아졌고 대학진학을 꿈꾸던 학생들은 더 심하게 갈등했다. 이러한 분위기에서 자퇴하는 학생들이 많이 생기기 시작했다. 또한, 예비역 하사관 교육생 제도인 RNTC(학군부사관 후보생) 생도 신분이라 군대와 같은 단체생활을 했는데, 여기에도 불만들이 많았다.

졸업 후 산업전선으로 배치되는 줄 알았던 진로가 장기 기술하사관 복무로 바뀌면서 학생들 동요도 더 심해졌다. 이런저런 불만들로 1기 기계과 학생들이 집단행동을 해 불만을 해소하려고 했던 일로 무기정학을 받았고, 나는 그 일로 학교를 그만두게 되었다. 1975년 봄 추위가 가시지 않은 4월, 이렇게 고뇌에 찼던 금오공고 생활을 끝냈다. 나는 그렇게 고등학교에 다니다 중퇴하고 고교졸업 검정고시에 합격하고 난 후 대학에 들어갔다.

바닥부터
새로 배우는 현장

나는 대학에 입학해서 산업공학을 전공했다. 산업공학과는 공장운영 효율화를 전문적으로 공부하는 학과다. 경영학에서 생산관리, 공정관리, 품질관리 등의 분야를 특화하고 전문화한 분야이다. 생산관리, 공정관리, 품질관리 외에도 물류관리, 설비관리 등 공장의 모든 관리분야가 포함되어 있고 경영학 개론, 경제학 개론, 통계학, 회계학, 가치공학, 사회학 등 경제학과 경영학과에서 공부하는 주요 과목들도 맛보기 수준에서 공부한다. 한 마디로 잡과다.

대학은 이론을 공부하는 곳이지만 기업에서 운영하는 제품생산공장은 현실적인 현장이다. 학교에서 배운 것, 배우지 않은 것들이 수없이 혼재되어 바쁘게 돌아가는 곳이 공장이다. 지금도 마찬가지지만 대학을 갓 졸업하고 입사하는 신입사원들은 1~2년 이상 현장에서 경험하면서 몸으로 부딪히며 배워야 제대로 일할 수 있다. 즉 신입사원은 처음부터 다시 배워야 한다.

입사 후에 제일 먼저 경험하는 것은 '신입사원 지옥훈련'이다. 이 지옥훈련은 일본 산업계에서 도입하여 그 효과를 톡톡히 봤다고 알려지면서, 한국에서도 70년대 초반부터 80년대 말까지 대기업, 중견-중소기업들이 이 훈련을 적극적으로 도입했다. 대학물 먹었다고 어깨에 힘이 들어가고 대학 졸업장만 있으면 펜대 굴리면서 남다른 대우를 받을 것이란 기대감을 무너트리는 훈련이다. 알량한 자존심을 버리게 한다. 군대에서 실시하는 유격훈련과 목적이나 방법이 유사한 참 고단한 훈련이다.

2주간이 지옥훈련이 끝나고 1개월간 전사 OJT 교육과 3개월간 본부 단위 OJT 교육을 마치고 나서 근무할 부서배치를 받은 후에 쉬운 일부터 배워가며 업무를 시작한다. 선배들에게 배워야 할 일뿐만 아니라 오래 근무한 여직원들에게도 배워야 할 것들이 많다. 출근해서 윗분들이 시키는 일, 눈에 보이는 일은 모두 배워야 할 것들이다. 대학원 출신 이등병이 군대에서 자대 배치받으면 초등학교 출신 병장에게 배워야 하듯이 회사 일도 처음부터, 기초적인 일부터 다시 배워야 한다.

1985년 1월부터 4개월간의 모든 OJT를 마치고 생산본부 생산관리부에 배치를 받았다. 지금은 사무실이나 공장의 청소는 외부 용역회사들이 맡아서 하지만 그때는 청소부터 쓰레기 버리는 일, 한 달에 한 번 바닥 물청소하는 일, 출근하면 책상 닦는 일, 방문자가 있으면 실내화 챙기는 일 등, 하나부터 열까지 잡스러운 일은 모두 생산관리부의 일이다. 생산관리부에서 근무를 시작하면서 밑바닥일, 허드렛일부터 하나하나 배우기 시작했다.

대학졸업자로서 체면을 유지하며 그럴듯한 일을 시작한 것은 입사 후 1년쯤 지나서다. 그때부터 대학에서 공부한 여러 가지 관리기법들을 업무에 적용해 보기 시작했다. 조직에서 새로운 것을 시도한다는 것은 저항감을 가져오기 일쑤라서 설득이 필요했다. 현장에서 꼭 필요한 관리방식들을 현장의 여건을 고려하여, 설득하면서 하나씩 하나씩 성공시켜 보니 보람도 있고, 희열도 컸다. 그렇게 처음부터 다시 배우며 적응했다.

회사의 분위기를 바꾼 작은 시도

제조본부는 늘 같은 일이 반복되어 힘들고, 어려운 문제도 생기고 재미도 없는 부서다. 아침에 출근해서 계획된 생산을 진행하고, 목표 달성이 안 되면 잔업을 하고, 그래도 생산량이 부족하면 토요일과 일요일에도 특근해서 매출목표 달성을 지원해야 한다. 이런 와중에도 생산성 향상과 품질향상, 원가절감이라고 하는 과중한 과제들을 가지고 매주 한 번 품질관리 분임조 활동을 했다. 한 배를 타고 있고, 모두 같은 일을 하고 있다는 동료애와 소속감에 의지하며 생활했다. 힘들어도 참고 버티며 견뎌냈다.

어느 날 생산부 라인장들과 회식을 하다가 재미있고, 유쾌하게 직장생활 하는 방법들은 없을까? 여러 의견을 나누다가 호방한 성격을 가진 몇몇 라인장들과 유쾌한 반란을 계획하고 시도하기로 했다. 제조본부에 악기를 잘 다루는 직원들을 모아 그룹사운드를 만들고, 품질관리 분임조들의 장기발표회를 해 보자는 두 가지 의견을 모으고 구체화해 회사에 건의했다. 어렵사리 본부장과 사장의 재가를 받아 실행에 옮기기로 했다.

6인조 그룹사운드가 결성되어 1주일에 한 번씩 지하 제품창고에 모여 연습을 시작했다. 지하창고 한쪽에 칸막이 공사를 하고 방을 만들고, 악기를 구매해서 연습에 들어갔다. 그룹사운드 이름은 '혼수상태', 혼수상태가 되도록 멋진 음악을 만들어 보자는 뜻을 담았다. 5~6개월 그룹사운드 연습으로 20개 연습곡이 마무리되어 갈 무렵, 생산관리부 내에서 내가 책임을 지고 일을 주도해 품질관리 분임조 장기발표회를 기획하고 진행했다. 장기발표회는 대박이 났다. 분임조별로 준비한 장기자랑과 그룹사운드 '혼수상태'의 멋진 공연이 어우러져 이날 밤 회사는 열광의 도가니가 되었다. 유쾌한 반란이었다.

유쾌한 반란은 여기서 끝나지 않았다. 전사적으로 노래를 좋아하는 직원들이 모여 '인켈합창단'을 만들었다. 제조본부 대회의실에 피아노를 준비하고, 서울시립합창단 총무인 분을 지휘자로 모셔서 30여 명이 열심히 연습했다. MBC에 출연하기도 했고, 창립기념일 행사에는 합창단이 축가를 준비해 부르기도 했다. 1등 오디오기기 전문회사에 합창단 하나는 있어야 하지 않겠냐는 유쾌한 제안을 회사 경영진에서 받아 준 것은 고맙고 감사한 일이다.

제조본부 유쾌한 반란은 다른 본부로 퍼졌다. 연구소에도 '후져스'라는 그룹사운드가 발족하여 연구소 분위기를 밝게 만들었다. 제조본부에서만 진행하던 라인별 족구대회와 장기발표는 모든 사원이 참여하는 '전사 가을 체육대회'로 확대 발전했다. 가을이 되면 토요일 하루, 온종일 날을 잡아, 낮에는 본부별 체육대회를 하고 저녁에는 화려한 공연무대를 설치하고 장기자랑, 사내 그룹사운드 발표, 연예인 초청공연 등 다채롭고 신나는 공연으로 발전시켰다. 힘들고 어려운 연구활동, 생산활동에만 전념하던 회사의 사원들이 몸과 마음을 즐겁게 하는 새로운 문화에 눈뜨며, 그 문화가 전사적으로 자리를 잡아갔다. 유쾌한 반란의 결과다.

도전을 이끌어준 선배들

직장생활을 하면서 본보기가 될 만한 좋은 선배들을 만나는 것은 행복한 일이다. 나 역시도 훌륭한 여러 선배를 만났다. 해외영업본부 이사는 전자공학을 전공한 분인데 영어구사 능력이 뛰어났다. 기획실장도 전자공학을 공부한 분인데 경영기획 능력이 탁월했다. 관리본부 전무는 회계학을 공부한 분으로 설득력과 조직운영 능력이 대단했다. 서울대 출신인 재무이사는 숫자에 밝고 책을 많이 읽는 독서광이었다.

사람들이 모여 사는 곳은 어디나 남다른 생각을 가지고 앞서가는 사람들이 있다. 내가 인켈에 근무하는 동안 여러 직장 선배들이 날 도전하게 하였다. 큰일을 하려면 영어공부를 해야 한다, 기획능력을 갖춰야 한다, 설득력을 길러야 한다, 앞을 보고 공부를 해야 한다, 책 많이 봐라 등등, 기회 있을 때마다 조언해 주었다.

내가 근무를 했던 생산관리부는 늘 바쁘고 분주하다. 생산본부에서 생기는 모든 일을 관리해야 하고, 생산본부 전 임직원의 일거수일투족을 모두 살펴야 한다. 또 생산계획을 수립하고 집행을 하며, 생산성과 품질을 잘 파악하고 높여 가는 일, 새로운 생산시스템을 연구하고 구상하는 일 등을 담당한다. 너나 할 것 없이 누구나 분주하게 하루를 보내고 늦은 시간에 퇴근하는 것이 일상화되어있다.

그러는 와중에도 미래를 위해서 늘 새로운 도전을 해야 한다는 생각이 내 머릿속을 꽉 채우고 있었다. 새로운 도전이 뭐가 될지는 모르지만 매일 매일 반복되는 일에만 얽매이다 보면 스스로가 퇴보하지 않을까 하는 답답한 생각이 늘 가슴 속에 차 있었다. 임원들이나 본부장들, 부장들 중에서 앞서가는 분들을 늘 예의주시하면서 무엇인가 새로운 도전을 해야겠다는 생각을 했다.

어느 날 야간에 전문대학원을 다니기로 당돌한 결심을 했다. 그것도 학부 때의 전공과 현재 하는 일과는 조금 다른 '국제경영학'을 공부하기로 한 것이다. 국제화가 급진전하는 시기였고, 회사에서도 해외

지사와 해외공장을 확장하려는 계획이 있어 기획조정실을 중심으로 해외투자 기초조사를 하던 중이었다. 일이 많고, 분주하기로 소문난 생산관리부에서 야간 대학원 5학기를 다니기로 한 것은 이례적인 일이었다. 회사를 옮겨서라도 공부해야겠다는 결심을 했다.

대학원 입학 사실을 부서장과 본부장께 알렸을 때 난감한 표정을 지었던 모습이 지금도 생생하다. 제조회사에서 이런 시도는 전례가 없었던 일이기 때문이다. 우여곡절 끝에 나를 새로 발족하는 사장 직속부서로 발령을 내 공부를 하도록 한 것은 선배들의 배려와 응원이 있었기 때문이다. 젊은 초년사원의 당돌한 도전이 기특했다는 후일담이 들려왔다. 내가 대학원을 졸업할 무렵에는 회사 지원으로 대학원에 입학하여 공부하는 제도가 생겨 자기계발을 위한 대학원 진학이 보편화되었다. 좋은 직장 선배들을 만나고 그들의 응원 덕으로 대학원 공부도 하고 회사 지원도 받게 됐다. 시도하면 기회는 온다.

많은 일이 인재를 키운다

중소벤처기업은 일을 배우고 처리하는 데 있어서 대기업과는 조금은 다른 특성들이 있다. 대기업은 조직이 방대한 만큼 입사 후 특정 업무에 배정되면 그와 연관되는 일에만 전문성을 쌓게 된다. 이와 달리 중소벤처기업에서는 여러 가지 다방면의 일들을 해야 하는 상황에 놓이게 되면서 다양한 영역의 업무 경험을 하게 된다. 이런 특성 때문에 대기업에서는 Specialist들이 많이 배출되고 중소기업에서는 Generalist들이 많이 배출되는 게 일반적이다.

내가 근무하는 제조본부는 공장의 살림살이를 도맡아 하면서 청소도구나 생산소모품뿐만 아니라 첨단 계측기, 장비까지도 Spec을 검토하고, 가격을 비교하고, 타당성 분석을 해서 도입하는 일까지 도맡아 해야 했다. 생산직 여직원들의 OJT 교육이며, 실무배치, 심지어는 본부 임직원들의 관혼상제까지 챙기는 일도 생산관리부의 몫이었고, 자료정리와 보고서를 만드는 일, 타 부서와 협력해 풀어가야 할 일들을 중재하는 역할도 중요한 일 중의 하나다. 참 일이 많은 곳이다.

일이 많으면 많은 것을 배운다. 일이 어려울수록 더 깊이 있게 배울 수 있다. 일이 적고 편한 부서에 근무하는 직원들은 온실에서 자란 화초 같은 모습이다. 하지만 일이 많고, 다양하고, 전문성이 필요한 부서에 근무하는 직원들은 단기간에 많은 것을 배워 유용하게 써먹을 수 있는 인재가 길러지는 것을 많이 체험했다. 경험은 최고의 지식이다.

입사 2년 반 만에 대리로 진급했고, 그 후 2년 만에 과장 진급을 했다. 초고속 승진이었다. 과장 진급을 하고 얼마 안 되었을 때 한국생산성본부(KPC)로부터 컨설턴트로 일해볼 의향이 있는지 타진이 왔다. KPC에서 실시한 IE컨설턴트 과정을 끝마치고 평가를 받은 과정에서 최고의 성적을 받았는데, 이런 과분한 제안이 온 것이다. 이런 제안이 온 것은 내게는 큰 행운이었고 영광스러운 일이기도 했지만, 거절했다. 나는 컨설턴트로서 남을 지도하고 다른 회사를 변화시킬 만한 능력이 부족해 컨설턴트로 일을 하기에는 아직 부족하다는 판단이었다. 물론 일하면서 더 배우고, 익히면 되겠지만, 몸으로 익힌 직접 경험이 만들어주는 실질적 성과에 대한 확신이 필요했다. 그 일이 있고 난 뒤 나는 중소기업청에서 주는 생산관리분야 경영지도사 자격을 취득했다.

38년 경력을 바탕으로 지금부터 컨설턴트 일을 하고 싶다. 38년의 경험을 통해서 얻은 성공과 실패의 체험, 다양한 업종에서 얻은 경험을 통해서 누군가에게 선한 영향력을 줄 수 있겠다는 자신감이 생겼다. 스타트업 기업, 기술은 있으나 기회를 찾지 못한 벤처기업, 이노비즈 기업, 연구소 기업 등 유망기업에 내가 직접 자금투자도 해주고 컨설팅도 해주는 투자자문(Investment & Consulting)을 하고 싶다. 일반적으로 말하는 투자자문회사의 일과는 조금 다르다. 지식도 매우 중요한 자산이지만 경영 현장에서 몸으로 익힌 경험은 더할 나위 없는 지식이요, 지혜다.

국제화 시대,
세계를 향해

〈세계는 넓고 할 일은 많다〉, 1989년도에 고 김우중 대우그룹 회장께서 쓴 이 책은 단기간에 베스트셀러가 되었고 수많은 외국어로 번역되어 전 세계 젊은이들에게 꿈을 심어주었다. 80년대 초부터 불기 시작한 국제화, 세계화의 바람은 거셀 수밖에 없었다. 민주화 이후 입김이 세진 노조, 그 영향으로 치솟는 인건비, 좁은 한국 시장의 성장한계, 중국의 개혁과 개방, 높아지는 유럽연합의 무역장벽 등 환경이 급변하고 있었기 때문이다.

이 무렵 인켈은 유럽연합 무역장벽을 극복하기 위해 영국 뉴캐슬에 현지공장을 세우는 계획이 구체적으로 진행되고 있었고, 저렴한 인건비를 활용하면서 중국에서 생산하는 중국공장 설립 Project가 검토되고 있었다. 비서실에서 2년간 스텝으로 일을 마치고 현업으로 돌아가고 싶다는 생각을 하던 차에 중국투자 추진 담당자로 선임되었다. 중국공장 설립의 기초조사를 위해 북경, 천진, 대련, 심양, 상해, 심천, 광주 등 중국의 경제특구들을 차례대로 방문했다. 최적지는 홍콩을 활용할 수 있다는 장점이 있어 심천 경제특구로 정해졌는데, 합작 파트너사로 감숙성 정부가 심천에 설립한 전자회사인 난광전자 유한공사가 정해졌다. 이때가 28년 전인 1993년, 중국이 개혁개방 정책의 꽃을 한창 피우던 때다.

중국공장 설립의 실무적인 일은 홍콩지사에 적을 두고 진행하는 것으로 결정되었다. 중국공장 법인장으로 수석부장급이 선임되었고, 제조본부에서 차장급이 공장장 역할을 할 책임자로 파견되는 등 공장설립이 급속하게 진행되었다. 이 무렵에 한국 대기업 전자회사들도 중국에 진출해 있었고, 홍콩에는 국내 은행, 증권사, 단자사 등 많은 금융기관이 지사를 설립하여 한국 제조회사들의 중국 현지시장 진출을 도왔다. 그야말로 국제화가 급진전 되기 시작한 것이다.

중국을 중심으로 한 해외투자만 활발한 것이 아니었다. 맥슨전자는 벌써 오래전에 필리핀과 태국에 통신기기 공장을 설립하여 엄청난 수량의 전화기와 무전기를 생산하여 미국과 유럽으로 수출하고 있었다. 전자 완제품 회사들의 해외투자가 활발해지면서 국내 전자 부품회사들의 동반진출 또한 가속화될 수밖에 없는 상황이었다. 홍콩에는 한국식당들이 50여 개 이상일 정도로 많이 생겨났고 심천이나 혜주, 동관 등 한국계 기업들이 많이 진출한 지역에도 한국인이 운영하는 식당과 노래방들이 우후죽순으로 생겨나 현지에서 근무하는 한국인들 교류와 소통의 장소가 되기도 했다.

작은 피아노 학원을 운영하던 아내와 딸아이를 한국에 두고 단신으로 홍콩에 나가서 일하던 나는 가족들과 오래 떨어져 사는 것은 문제가 있다고 판단하여 가족들도 홍콩에 이주하여 살기 시작했다. 국제화의 급진전으로 우리 가족에도 많은 변화가 생겼다.

세계가 쉬워지는 영어

7080 세대*에게 영어는 배우기는 했으나 활용하기는 참 어렵다. 읽고 해석하는 방식으로 중고등학교 6년을 공부하고, 대학에서 배우는 고급영어도 같은 방식으로 공부하다 보니 영어로 듣고, 말하는 것은 쉬운 일이 아니다. 모든 언어가 그렇듯이 영어권 국가에서는 말하고 듣는 것을 어릴 때 먼저 배우고, 읽고 쓰고 해석하는 것은 학교에 입학하면서 배운다. 누구나 다 아는 이 평범한 사실이 우리 영어교육에는 작동하지 않았다.

* 1970년대와 80년대에 20대를 보냈던 세대를 가리키는 말로, 암울한 정치사회적 분위기에서 음악다방에서 팝송이나 포크송을 들으며 통기타와 맥주, 장발로 대변되는 청년문화를 형성했다.

1991년 비서실에 근무할 당시 '차세대 경영자프로그램'이라는 다소 혁신적 계획이 수립되어 1착으로 기획부장과 내가 선발되어, 필리핀 AIM에서 3개월 단기연수를 받을 기회가 있었다. 중견기업에서 이런 과정에 임직원들을 보내기는 쉽지 않은 일인데, 유능한 차세대 경영자를 자체적으로 키워야 한다는 경영진의 과감한 뜻이 있어 가능했다. AIM(아시아경영대학원)은 '하버드경영대학원' MBA 과정과 같은 프로그램을 운영하는 국제대학원이다. 많은 국제기구가 필리핀에 설립되어 아시아권 국가의 정부 고위직, 다국적기업 임원급들을 교육하는 꽤 유명한 학교 중 하나다. 나는 기획부장과 함께 3개월 단기과정(MTP 과정)에 참여했다.

100% 영어로 수업을 받고, 리포트를 쓰고, 토론하고 프레젠테이션해야 하는 과정을 별다른 준비도 없이 참여하다 보니, 처음 1개월은 뭐가 뭔지도 모르고 끌려다니는 형국이었다. 2개월부터 조금씩 적응이 되었고, 3개월째는 자신감이 생기는가 했는데 과정이 끝났다. 대학원에서 국제경영학을 공부하고, 국제화 물결의 주인공이 되고자 꿈을 꾸었던 내게 시원찮은 영어구사능력은 큰 걸림돌이라는 것을 이때 깨닫게 되었다. 더욱이 중국투자 담당자로 지명되어 홍콩지사 파견을 앞둔 상황에서 영어 소통을 잘할 수 있는 돌파구를 찾아야만 했다. 새벽에 영어학원도 다녀도 보고, 비디오테이프 청취도 수없이 해보고, 영어방송을 수시로 시청해 보기도 했지만, 영어회화 실

력이 좋아지지 않았다.

숱한 고민 끝에 듣지 못해 말을 못하는 분들, 청각 장애인들에게서 답을 찾았다. '들을 수 있으면 말할 수 있고, 말할 수 있으면 들을 수 있다'는 아주 단순한 사실과 글을 몰라도 말을 잘하는 문맹들이 많다는 사실에 착안한 것이다. 이를 통해 생각하니 영어회화 원리는 비교적 간단했다. 아주 쉬운 영어회화 책을 한 권 선정해 시간이 날 때마다 테이프를 수십 번 반복해 모든 문장을 외울 정도로, 자동으로 들릴 정도로 시도해 보았는데, 효과가 아주 좋았다.

짬만 나면 테이프를 틀어놓고 듣고 또 듣고 수십 번을 들으니 거의 외울 정도가 되었다. 들을 수 있는 문장은 말할 수 있었다. 입으로 말할 수 있는 문장은 쉽게 들렸다. 이거다. 처음 3개월에 걸쳐 회화책 한 권을 완전습득하고, 두 번째 책을 선택하여 2개월 만에 습득하고, 세 번째 책을 선택해 1개월에 습득하고 나니, 일상 생활영어를 하는 것에 별 어려움이 없었다. 홍콩에서 일하면서 중국어를 배울 때도 같은 방법으로 시도했다. 외국어를 잘하는 방법은 듣는 것부터 바보처럼 꾸준히 반복하면 된다.

시야를 넓힌 외국 근무 경험

1993년부터 2000년 말까지 7년 동안 동양의 진주라고 하는 홍콩에서 일했다. 인켈 중국투자 담당자로 선임되어 홍콩지사에 근무하는 도중에 지사장께서 퇴임하면서 홍콩지사장 직까지 내가 맡게 되었다. 그때 나이 38세였다. 미국지사, 독일지사, 일본지사, 홍콩지사 지사장들은 모두 임원급이었는데, 차장 직급인 내가 홍콩지사장 직을 맡게 된 것은 그 당시 대단히 파격적인 조치였다.

홍콩지사장으로 2년을 보내던 1996년 어느 날 인켈이 해태그룹으로 인수·합병되었다. 대주주도 바뀌고 경영진도 바뀌고 많은 변화가 있었다. 이런 과정에서 인켈 홍콩지사도 해태전자 홍콩지사로 간판이 바뀌었고, 해태전자 홍콩지사장 명함을 가지고 2년간 IPO(International Purchasing Office) 역할을 계속하다가 회사를 옮기게 되었다.

자리를 옮긴 회사는 통신기기 명문회사로 이름을 날리던 맥슨전자의 홍콩 IPO지사다. 인켈이 해태그룹으로 인수·합병될 당시 최석한 사장께서 전문경영인으로 일했다. 회사가 해태전자로 인수되고 회사를 떠난 최석한 사장이 맥슨전자 사장으로 자리를 옮긴 것이 인연이 되어 나도 맥슨전자 홍콩지사장으로 자리를 옮기게 된 것이다. 해태전자와 인켈의 합병과정에서 인켈에 뿌리를 깊게 내렸던 중진 '인켈맨' 여러 명이 회사를 떠났는데, 나도 그 대열에 합류한 사람이 되었다.

맥슨전자 윤두영 회장과 최석한 사장은 오래전부터 남다른 인연을 맺고 있었다. 윤두영 회장은 조동식 회장과 같이 인켈을 공동창업한 분인데, 3년간 동업을 하다 윤 회장께서 통신기기 사업을 하기로 하면서 조동식 회장과 결별하였다. 두 분이 창업할 당시 상업은행에서 관리부장으로 영입된 분이 최석한 사장이다. 이런 오랜 인연으로 경영에 어려움을 겪던 맥슨전자 윤 회장께서 최석한 사장을 맥슨전자 사장으로 영입한 것이다. 인켈 홍콩지사장으로 2년, 해태전자 홍콩지사장 명함을 가지고 2년, 맥슨전자법인장으로 3년, 총 7년간을 홍콩에서 보냈다.

홍콩은 아시아에서 가장 화려한 국제도시다. 내가 머물 때는 영국이 지배를 시작한 지 100년 가까이 되어 중국에 반환을 앞둔 격동기였다. 동양의 진주라는 별명을 가진 홍콩의 중국 반환은 역사에 남을 일이었다. 80년대부터 중국 반환 이후를 염려하여 캐나다, 호주, 뉴질랜드, 미국 등으로 이민을 떠나는 사람들이 급속하게 증가했고, 중국 본토의 기업이나 갑부들은 홍콩으로 이주를 해오는 격동적인 시기에 홍콩에서 보낸 7년은 내게 아주 소중한 시간이었다.

1997년 6월 30일, 홍콩의 중국 반환을 하루 앞둔 홍콩의 밤 풍경은 정말 장관이었다. 아쉬움과 설렘과 두려움, 기대감과 거부감, 만감이 교차하던 홍콩 지인들의 모습들… 그 모습이 아직도 생생하다. 7월 1일 동양의 진주 홍콩이 중국 일부로 돌아갔다. 우리 가족들은 가끔 그날 밤 홍콩의 밤하늘과 밤거리 풍경을 추억하곤 한다.

태국에서의 또 다른 도전

홍콩이 중국에 반환되던 1997년 11월, 한국에 IMF 외환위기가 닥쳐왔다. 홍콩의 중국 반환 이후 중국진출을 통해 새로운 기회를 포착하려던 한국 기업들에는 청천벽력과 같은 일이었다. 특히 홍콩에 진출한 은행, 증권, 단자사 등 금융권 회사들의 타격은 심각했다. 한국 본점의 인수합병으로 홍콩 지점의 통폐합도 과감하고 급속하게 진행되면서 홍콩에 진출한 한국 기업들에 엄청난 변화가 닥쳐왔다.

맥슨전자 본사도 재정적 어려움을 겪으면서 세원텔레콤이라는 벤처기업에 회사 경영권이 넘어가고 새로 영입된 최석한 사장도 퇴임하는 등 큰 변화가 있었다. 세원텔레콤 홍성범 회장의 중앙고등학교 선배인 김익부 사장이 대표이사로 부임했다. 김익부 사장은 연세대학교에서 전자공학을 전공하고 LG정보통신에서 통신전문가로서 잔뼈가 굵은 분으로, 맥슨전자를 재건하는데 자신감을 보이며 부임했다. 엄청난 투자가 진행되었지만 극도로 어려워진 재정 상황, 중국 기업들에 빼앗긴 해외 바이어, 성과가 부실했던 CDMA, GSM 휴대폰 사업 등 산적한 많은 일을 해결하기에는 한계가 있었다. 오래 근무한 임직원들의 반감을 극복하기도 쉽지 않았다.

본사의 어려움이 지사에도 영향을 미치면서 새로운 길을 모색해야 하는 것이 아닌가? 고민하던 중, 코스닥 상장기업으로 통신제품으로 부각되던 모 벤처기업에서 홍콩지사장과 중국공장을 겸해 맡고 임원으로 일해 달라는 제안이 왔다. 긍정적으로 답을 주었던 상황에 김익부 사장이 나에게 파격적인 제안을 해 왔다. 어려워진 맥슨전자에 불씨가 될 만한 곳이 태국법인인데, 그곳 법인장 자리를 제안하였다. 연간 매출 1,000억, 종업원 1,500명, 본사 파견 인원 25명, 전무급 임원이 맡아 해오던 태국법인장 자리를 임원급으로 맡아 책임져 달라는 이 제안을 거부할 수가 없었다.

2000년 11월 태국법인장 역할을 맡아 홍콩을 7년 만에 떠나게 되었다. 맥슨전자 태국법인은 현지회사와 합작을 해서 성공적으로 운영하는 대표적인 한국투자기업이다. 삼성전자나 LG전자보다 일찍 태국에 뿌리를 내린 데는 파트너사 도움 덕분이라는 게 중론이었다. 1만 평 규모의 아유타야 현지공장, 경영지원본부와 연구소가 입주한 방콕사무실 두 곳에 법인장 사무실을 두고 일했다.

파트너사 회장은 중국 화교다. 어린 나이에 태국으로 이주하여 무역과 전자사업으로 엄청난 부를 축적한 사람이다. 아시아권 어디나 마찬가지지만 상권이나 경제권을 쥐고 있는 사람들은 화교가 대부분이다. 인도 사람들이 섬유업 계통에서 큰 카르텔을 형성하고 있기는 하지만 금융업, 건설업, 전자통신, 석유화학 산업의 정점에는 대부분 화교가 있다. 화교들은 대부분 가족경영을 한다. 같은 동포들이 사업상 힘들고 어려우면 내 일처럼 돕는다. 돈을 빌려준 사람이 더 어려워지면 재기하라고 다시 지원한다. 화교들이 모여 사는 곳에는 자기들끼리 서로 돕고, 정보도 교환하며 만나는 장소로 식당을 개업한다. 이를 기반으로 차이나타운이 생기고 화교들의 힘의 원천이 된다.

외국 생활의 어려움을 이겨내게 한 가족

나는 외동딸 하나를 두었다. 자녀를 하나 더 갖고자 노력했으나 쉽지 않았다. 1993년 우리 가족이 홍콩으로 이주하는 해에 딸아이는 초등학교 2학년이었다. 홍콩으로 이주하면 외국어로 공부해야 하는 상황임에도 별다른 준비를 못 했다. 영어구사능력에 한계가 있어서 한국국제학교에 입학하여 2년을 다니면서 영어에 대한 부담감을 줄였고, 초등학교 4학년 과정부터 고교과정까지는 영국계 학교에 다녔다.

한국에서도 아이들이 학교를 옮기는 것은 엄청난 스트레스고 고통이다. 새로운 환경, 새로운 선생님, 새로운 친구들을 만나 잘 적응하고 익숙해지기까지는 긴장감을 가지고 살 수밖에 없다. 한국에서 이주하여 영어로 학교공부를 해야만 한다는 두려움과 다양한 국적의 아이들을 이해하며 좋은 관계를 맺기까지는 어려움이 클 수밖에 없다. 2000년 딸아이가 고등학교 1학년이 되어 태국으로 이주할 때, 딸애는 몇 달간 몸살이 날 정도로 힘들어했다. 태국에 가서 다시금 새롭게 적응해야 한다는 두려움 때문이다.

작은 피아노 학원을 운영하면서 평범한 주부로 살아온 아내에게도 해외에서의 생활은 큰 변화다. 언어소통의 문제, 의식주에 대한 문제, 자녀교육에 대한 문제 외에도 새로 만나 관계를 맺고 살아가는 과정에 이야기하기 힘든 일들이 적지 않다. 남편은 매일매일 바빠서 일찍 출근했다가 밤늦은 시간에 돌아오는데, 전화가 와도 두려움이요, 아파트 관리사무소 일도 스트레스요, 특히 학교에서 학부모 면담신청이라도 오면 어찌할 바를 모른다. 적응을 좀 해보려고 영어 과외도 받아보고는 등의 노력을 해보지만 쉽지 않다. 2~3년 지나면서 아이들이 영어로 소통이 가능해지는 때가 되면 의사소통 문제는 어느 정도 해결이 된다. 그나마 아이들이 통역을 해주니 수월해지는 것이다.

홍콩에 올 때 가졌던 두려움이 태국으로 다시 이주하면서 딸에게 큰 부담이 되었다, 가족들이 태국으로 이주하고 얼마 안 되어 학교에서 급한 전화가 왔다. 딸아이가 며칠째 학교에 오지를 않는다는 내용이었다. 망치로 머리를 맞은 것처럼 충격이 왔다. 저녁이 되어 집으로 돌아온 딸에게 학교에 가지 않은 이유를 물었다. '반 학생들에게 난 이런 도발적인 면도 있는 특별한 학생이니 얕보지 마라'라는 것을 보여주고 싶었다고 했다. '날카로운 발톱도 가진 학생이니 건들지 말라'라는 자기 방어심리가 작용했다. 전학을 다닐 수밖에 없었던 환경, 그것도 외국 생활에서 그런 심리가 작용한 것을 충분히 이해해 주고 위로도 하고 응원도 해 주었다. 그 후 딸 아이는 학교생활에 잘 적응했고 친구들과도 잘 지내며 학교성적도 좋았다. 그 딸은 서울대학에서 시각디자인 공부를 했고, KAIST 문화기술대학원에서 석사과정을 마치고 통신사에 입사하여 일하다가 국제법률대학원에 입학하여 국제변호사가 되었다.

화려하고 좋을 것만 같은 해외생활에는 고통스러운 숨은 아픔이 존재한다. 한국에 살면 힘들고 어려운 일이 있을 때 가족들이나 친구들을 만나서 하소연도 하고 스트레스도 풀 수 있지만, 해외생활에서는 쉽지 않은 일이다. 한국사람들은 교회라는 신앙 공동체를 통해서 외로움을 달래기도 하지만 그 안에도 또 다른 갈등들이 있다. 힘들고 어려운 해외생활 13년을 잘 견뎌준 아내와 딸이 늘 고맙고 감사하다.

만남과 인연

우리 삶에서 가장 중요한 것은 만남이라는 점을 깨달았다. 태어나면서 부모를 만나고, 형제를 만나고, 친인척들을 만나는 것은 운명적 만남이다. 학교에 다니면서 스승을 만나고, 친구들을 만나고, 선후배를 만나는 것은 숙명이다. 대학을 졸업하고 사회에 진출하면서 만나는 사람들은 평생 든든한 자산이 되기도 하고 사업 동반자가 되기도 한다. 반대로 사람을 잘못 만나면 평생 고통스러운 관계가 된다. 결혼할 나이가 되어 배우자를 만나는 것은 우리 인생에 가장 중요한 일일 것이다.

만남 이후에 맺어지는 여러 모양의 관계를 인연이라고 한다. 관계가 잘 유지되고 유익하면 좋은 인연이고, 관계가 나쁘면 악연이다. 나는 좋은 부모님을 만났다. 어머니는 기독교 신앙을 가신 분이다. 신앙이 없는 가정으로 시집을 오신 후에도 기도로 아버지를 감리교 장로로 세우신 신앙의 어머니이시다. 부모님 덕분에 같은 교회 장로님 딸과 결혼을 했다. 이런 인연으로 나도 지금 감리교회에서 장로의 직분을 갖고 있고, 아내는 권사 직분을 갖고 있다.

대학에 다니면서 학과장이었던 신용백 교수님과 인연을 맺은 것은 장학금을 양보하는 일 때문이었다. 대학 3~4학년을 대기업 식품회사 장학금을 받고 졸업 후 그 회사에 취업하는 기회가 있었는데, 집안 형편이 어려운 친구에게 양보해 주면 좋겠다는 신 교수님의 말씀에 순종한 것 인연이 되었다. 그 일로 신 교수님은 나에게 남다르게 관심을 보이셨고 졸업 무렵에 인켈에 추천해 주셔서 첫 직장의 인연을 맺었다.

인켈에서 조동식 회장 가족들과 맺은 인연으로 좋은 공부할 기회도 얻었고 어린 나이에 해외 지사장직을 맡았으며 얼마 전까지 인터엠 대표이사 역할도 했다. 인켈 비서실에서 전문경영인이었던 최석한 사장을 모신 인연으로 맥슨전자와 인연이 시작되었고, LG정보통신 부사장으로 근무하던 김익부 사장이 맥슨전자 대표이사로 부임하고 나를 좋게 봐주신 인연으로 맥슨전자 태국 법인장직도 맡았다. 홍콩에서 신앙생활을 같이했던 윤기중 사장 덕에 프랜차이즈 사업도 했었다. 인켈 입사 동기인 김광선 사장과의 인연으로 '디앤티'라는 코스닥 상장회사에서 임원으로 10년 넘게 근무를 했고, 디앤티의 자회사인 '보문테크닉스' 대표이사로도 3년을 일했다. 자동차 전장품을 개발-생산하는 '2H'라는 회사에서 1년간 사장을 했는데, 인켈 동료였던 정진호 실장이 맺어준 인연이었다. 살아온 세월을 돌아보면 만남과 인연의 연속이다.

때로는 악연이었던 만남도 있었지만 내가 만난 사람들 대부분은 나에게 유익함을 주고 어렵고 힘들 때 좋은 기회를 준 고마운 인연을 가진 분들이다. 늘 감사하는 마음으로 살고 있다. 이런 좋은 만남과 좋은 인연을 생각하며 나를 만나는 또 다른 사람들에게 나도 선한 영향력을 끼치는 좋은 인연으로 살고 싶다고 생각하곤 한다. 올해 93세가 되신 어머니는 내가 그렇게 좋은 만남과 인연으로 살라고 늘 기도하신다.

쓰디쓴 경험의 도전

1997년 IMF 외환위기를 겪은 한국 기업가 중에 위기를 극복하지 못하고 동남아국가로 피신하여 숨어 살거나 새로운 사업에 도전하는 사람들이 많았다. 2000년도를 넘어서면서 중견기업 사장들도, 심지어 대우그룹 김우중 회장 같은 대기업 총수도 그런 어려움을 겪었다. 이 무렵 많은 수많은 그룹 회사가 역사 속으로 사라졌다. 맥슨전자를 인수한 세원텔레콤은 급속하게 중견기업으로 성장한 회사인데, 맥슨전자를 인수한 후에 사세가 기울어지기 시작했고, 맥슨전자 본사도 같은 어려움을 겪었다.

맥슨전자 본사의 어려움은 태국법인에 크게 영향을 끼쳤다. 태국법인장 역할을 맡은 지 4년째가 되는 2004년, 해외임기가 만료되었다는 사유를 들어 본사발령이 났고 귀국을 해야 하는 상황이 되었다. 하지만 본사에 자리가 없는 것이 문제였다. 이에 가족들, 그리고 가까운 지인들과 여러모로 의논하여 새로운 도전을 하기로 했다.

그렇게 프랜차이즈 사업에 도전했다. 내 것을 소신껏 키워갈 수 있는 사장이 된 것이다. 20여 년 회사에 근무하면서 느낀 사실은 월급쟁이는 언젠가는 끝이 있다는 점이다. 회사가 자신 것이 아니면 끝까지 일할 수 없다. 오너 경영자만이 그것이 가능하다. 홍콩에서 같은 교회에 다니면서 형님으로 모셨던 제닉스 윤기중 사장이 도움을 주기로 하였다. 윤기중 사장은 패션 시계 및 쥬얼리 사업을 하며 한국 이랜드그룹에도 독점적으로 제품을 공급했다. 홍콩과 중국 사업을 확장하면서 동남아에 거점물색을 하던 차에 내게 태국 프랜차이즈 독점 공급사를 제안하고 도와주기로 한 것이다. 도와주는 분이 있어 처음 하는 사업이지만 크게 어려움은 없었다. 태국에서 가장 큰 쇼핑몰에, 가장 좋은 장소를 택해 눈에 확 띄는 고급스러운 매장을 열고 종업원 7명으로 플래그샵을 오픈하고 영업을 시작했다.

처음 6개월은 개업 효과 때문인지 기대했던 것만큼의 매출을 올렸고, 반응도 좋았다. 이 플래그샵을 통해서 2호점, 3호점을 차근차근 오픈하면 사업이 잘될 것이란 판단이 들었다. 여러 가지 방법을 통해서 2호점, 3호점 자리도 알아보고 점주 후보들을 만나는 등 마케팅 활동을 했지만, 성과가 좋지가 않았다. 플래그샵은 전적으로 내 자본 100%를 직접 투자해서 샵오픈에 걸림돌이 없었지만, 가맹점주들을 모집해 오픈할 예정인 2호점 3호점 오픈은 수익보장과 매입보장, 매장입지 문제 등으로 많은 걸림돌이 생겨 시간도 오래 걸리고, 최종 결정이 여러 번 번복되기도 하는 등 쉬운 일이 아니었다.

개업하고 영업을 한 지 1년이 지나면서 여러모로 한계에 부딪히기 시작했다. 플래그샵에 투자하고, 1년간 쓴 경비를 계산해보니 생활비만 겨우 버는 형국이었다. 프랜차이즈 사업은 충분한 자금을 확보할 수 있는 기반을 가진 회사가 할 수 있는 사업인데 개인적인 적은 투자로는 쉽지가 않음을 깨닫게 되었다. 한 달을 고민하고는 사업을 접었다. 노후대비로 사두었던 목동 아파트 한 채가 날아갔다. 도전은 실패로 끝났다.

귀국과 벤처기업 CFO

1년 동안 프랜차이즈 사업을 하면서 많은 것을 느꼈다. 소매업에 종사하는 사람들, 특히 백화점이나 쇼핑몰에 입점하여 장사하는 분들은 남들이 일할 때 일하고, 남들이 쉬는 휴일에는 더 많은 일을 하며 힘들게 산다는 것을 알게 되었다. 직장에서 일하면 토요일과 일요일은 가족들과 나들이도 하고, 쇼핑도 하고 즐기는 시간이지만 백화점이나 쇼핑몰, 유흥가 등에서 장사하는 사람들은 더 바쁘다. 태국 생활 가운데 가장 좋았던 것은 주말에 친구들이나 가족들과 골프를 치는 일이다. 프랜차이즈를 하면서는 주말 골프는 포기해야 했다. 주말에는 샵에서 일하는 직원들만으로는 관리가 안 되어 아내와 내가 샵에 나가서 일을 도와야만 했다. 소매업 경영은 생각보다 참 힘들다는 사실을 깨닫는 시간이었다.

프랜차이즈 사업을 1년 만에 과감하게 접을 수 있었던 것은 친구 덕분이었다. 인켈 입사 동기로 만난 김광선 사장은 인켈을 그만두고 싱가포르에서 다국적기업 연구소 연구원으로 5~6년 일을 하다가 귀국하여 반도체 사업과 특수모니터 사업을 하고 있었다. 동남아 출장길에 태국에 들러 오랜만에 날 만났는데, 한국에서 하는 사업을 좀 도와줄 수 있냐고 제안을 했다. 매출 200억 규모의 회사를 공동대표로 경영하고 있고, 코스닥 상장을 준비하고 있는데, CFO로 와서 도와줄 수 있느냐는 제안이었다. 제안을 받고 한국에 잠시 와서 회사 정보를 파악해 보니 꽤 유망한 회사였고, 상장할 기반이 다듬어지면 충분한 가능성을 가진 회사라고 판단하고 제안을 수용했다.

한국사람들이 해외에 거주하다가 귀국하는 이유에는 여러 가지 사연들이 있다. 자녀의 교육문제, 사업의 성패, 노후 생활계획, 고향에 대한 귀소본능 등의 사연이다. 친구의 제안이 귀국의 가장 결정적인 이유였지만, 같이 살다가 귀국해서 대학에 다니고 있는 딸아이 여건도 생각해야 했고, 연로하신 어머니를 모셔야 한다는 생각도 있어 해외생활에 대한 미련을 버리고 귀국을 했다. 참 잘한 결정이었다.

2005년 5월, 홍콩에서 6년, 태국에서 7년, 13년간의 해외생활을 마감하고 귀국했다. 10년이면 강산도 변한다는데, 13년 세월이 흐르면서 한국에 많은 변화가 있었다. 김대중 대통령의 뒤를 이어 진보정권 2기를 맞은 노무현 대통령의 국정운영이 보수정권 국정운영과 다른 이질감을 보이며 사회적 갈등이 심각했다. 취임 2주년을 맞이한 노무현 대통령은 진보진영의 열렬한 지지를 받으면서도 공약으로 내놓았던 각종 정책을 실현하는 데는 여러모로 한계에 부딪혔고 지지율도 서서히 떨어지는 상황이었다.

합류하기로 한 친구 회사 '디앤티'는 구로3공단에 서울사무소가, 대전 대덕밸리에 본사 겸 공장을 두고 있었다. 13년 만에 찾은 구로공단은 디지털 밸리로 엄청난 변신을 해서 고급 아파트형 공장으로 80% 이상 탈바꿈을 했고, 대덕연구단지 벤처기업들의 성장세도 괄목할만한 변화를 보였다. 2005년 6월 한국에 귀국해 새로운 일을 시작했다.

Part 2

함께 꾸는 꿈은 아름답다

다양성의 보고(寶庫)

중소벤처기업은 다양성의 보고(寶庫)다. 작게는 10명 미만, 크게는 150~300명 종업원으로 운영되는 중소벤처기업에는 여건상 일인다역 하면서 많은 업무를 경험하게 된다. 전문성을 키우는 데 다소간에 한계가 있을 수 있다는 단점도 있지만, 여러 가지 다양한 일들을 경험한다는 측면에서 상대적으로 긍정적인 면이 더 크다.

연구소에 근무하는 직원들이라도 회사에 마케팅 기능이 부족하면, 시장조사를 하고, 경쟁제품을 검토하고, 자재를 개발해야 하며, 개발 이후에 생산라인에 Line Up시키고, 제품증을 받는 등 여러 부서가 감당해야 할 일들을 동시에 하는 경우가 비일비재하다. 기술마케팅

이 필요한 중소벤처기업이 의외로 많고 각 부문에 인력이 부족하여 제도적으로 전환배치도 수시로 한다. 해외 전시회나 바이어 상담에도 자주 차출되어 다녀올 수밖에 없는 여건이 다반사다. 이런 기회가 자주 생기면서 일본어나 영어를 쓸 기회가 많아 회사에서 어학교육을 시켜 활용하는 경우도 있어 남다른 배움의 길이 열리기도 한다.

60세를 전후해 직장에서 물러나는 공무원들이나 회사원들이 제일 부러워하는 건 자기가 소유한 회사가 있어 정년퇴직 없이 80이 넘도록 일할 수 있는 사람들이다. 작지만 자기 기업을 가진 장년층들은 젊어서 다양한 경험을 가진 사람들이며, 대부분 중소벤처기업에서 뼈가 굵은 사람들로 40~50대에 독립한 사람들이 주류를 이룬다.

대기업에서 중도에 퇴사하여 창업하는 경우도 있지만, 대기업 출신이라는 자부심, 임원이 되면 받는 파격적인 대우, 큰 고생 없이 직장생활을 마감할 수 있다는 안정감, 이런 이유들이 있어 정년을 채우고 퇴직을 하는 경우가 많다. 문제는 퇴직 후에 할 일이 많지 않고, 새로운 일을 찾아야 하는데 새로운 일을 찾기가 아주 힘들다.

내 주변에는 여러모로 다양한 경험을 가진 7080 중장년세대 사람들이 많다. 공무원이나 금융권, 대기업 간부로 퇴직한 중년들의 노후 준비는 그리 녹록하지가 않다. 자격증을 가진 전문가로서의 실력을 갖춰 몇 년 더 일 할 수 있는 사람들도 있으나 그리 오래 일할 수는 없다. 수명이 길어져 90~100세 시대를 살려면 적어도 80 초반까지는 일했으면 좋겠다는 희망을 모두가 가져보지만 쉬운 일이 아니다.

주위를 돌아보면 작지만 자기 소유의 중소기업을 경영하는 사람들은 80세가 넘어서도 열정적으로 일하기도 하는데, 주변에서 모두 부러워한다. 내 것이라 가능하다. 평생 열심히 일하다 어느 순간 일을 안 해서, 아침에 일어나 갈 곳 없는 '삼식이'가 된다는 것은 참으로 답답하고 안타까운 일이다. 벤처중소기업 경영자들은 힘들고 어려운 여건 속에서 다양한 모습으로 자기 길을 묵묵히 걸어가는 영웅들이다.

빈틈없이 이뤄낸 코스닥 IPO*

친구가 공동대표로 경영하는 ㈜디앤티의 서울사업장은 가산디지털단지에 있었다. 1964년부터 1974년까지 10여 년간 수출산업공단으로 자리 잡은 구로 1, 구로 2, 구로 3 세 개 공단이 G밸리라는 이름으로 변화된 2005년도 모습은 그야말로 상전벽해다. 공단에서 개벽이 일어나 가산디지털단지, 구로디지털단지, G밸리로 개명되었다.

초기 공장의 모습을 그대로 간직한 공장들이 더러 남아 있기는 했지만, 상당수 공장은 아파트형 공장의 형태로 10~20층 높이의 최신

* Initial Public Offering, 비상장기업이 유가증권시장이나 코스닥 시장에 상장하기 위해 그 주식을 법적인 절차와 방법에 따라 주식을 불특정 다수의 투자자에게 팔고 재무내용을 공시하는 것.

식 건물로 탈바꿈하고 있었다. 산업단지 초창기 구로 1~3공단으로 출발한 3곳을 통합해서 G밸리(가산, 구로, 가리봉 영문 머리글 G)라는 별칭으로 알려진 이곳은 2021년 4월 통계 기준으로 1만2천여 개 중소벤처기업에서 15만여 명의 근로자들이 대박의 꿈을 꾸며 일하고 있다.

아침저녁 출퇴근 시간에 가산디지털단지역과 구로디지털단지역을 오가는 20~40대 젊은이들의 모습을 보면 활기가 넘쳤다. 업종별로는 전자통신 관련 H/W와 S/W 관련 기업들이 가장 많이 포진해 있었고, 대표자들의 유형을 보면 대기업 출신, 중소벤처기업 출신, 학교 졸업 후에 바로 창업을 한 벤처기업과 스타트업기업들로 다양하다.

디앤티는 대기업 연구소에서 연구원으로 활동하던 엔지니어들이 독립하여 설립한 특수 디스플레이 개발-생산 전문회사와, 디스플레이용 반도체 유통과 주문형 반도체 개발을 주 사업으로 하는 회사가 경영상 시너지효과를 극대화시킬 목적으로 합병한 회사로서 공동대표체제로 운영되고 있었다. 매출은 180억 수준이었고, 8% 내외 영업이익을 내는 안정적인 회사로 코스닥 상장준비를 계획하고 있었다. 나는 CFO로 합류했다. 공동대표 두 사람 모두 조속히 상장해서 투자자금을 확보하여 회사를 더 키워갈 계획을 세우고 있었다. 상장을 위한 기본적인 자료준비는 되어 있었으나 본격적인 진행은 못 했던 때다. 2005년 6월부터 업무파악을 시작으로 본격적인 업무를 시작했다.

5~6개월 업무파악을 하고 인적 네트워크를 점검하면서 상장준비를 시작했다. 기존 관리조직에 상장을 도와줄 주간사와 같이 일하고 상장 후 공시를 담당할 직원 1명, IR 및 홍보를 담당할 직원 1명을 보강했다. 1년 전부터 회사상장을 추진한다는 소문이 나면서 경영진들과 임원들의 인맥을 통해 상장 주간사로 일했으면 하는 몇몇 증권사가 접촉하던 상황인데, 가장 적합한 주간사 1개를 정하는 것이 가장 급한 일이었다.

4~5개 증권사를 추천받아 제안서를 받아보고 임원회의에서 최종결정하기로 했는데, 주간사로 결정된 회사는 인적 네트워크가 없던 D 증권사였다. D증권 책임자들의 가장 큰 장점은 산업- 사업의 본질을 꿰뚫고 있고, 우리가 예상치 못했던 회사의 비전도 같이 제시하는 적극성을 보였다. 주간사와 1년 상장로드맵을 결정하고 준비에 들어갔다. 밤낮으로 10개월 동안 준비해 예정일을 하루도 어김없이 멋지게 코스닥에 상장했다.

사업 성공의 열쇠, 파트너

우리 삶에서 만나는 파트너들은 디딤돌이 되기도 하고 걸림돌이 되기도 한다. 어떤 사업을 하든지 그 업종이 속한 생태계에는 여러 기업이 다양한 모습으로 협력하는 구조로 되어 있다. 마케팅–제품개발–부품구매–제조–유통–서비스와 같이 시장가치 사슬이 신경망처럼 구성되어 파트너들과 역동적으로 움직이는 것이 기업환경이다.

기업의 흥망은 얼마나 좋은 파트너를 만나는가 하는 데 달려 있다. 제조업을 하는 사람을 중심에 두고 보면 앞에서 제품개발을 해주는 파트너, 생산에 필요한 설비나 부품을 공급해 주는 파트너가 필요하다. 뒤에서는 생산된 제품–상품을 매입해 갈 국내외 대리점이나 바이어, 유통파트너나 판매되는 제품의 시장품질을 책임질 CS 파트너가 반드시 있어야 한다. 파트너들을 잘 만나면 성공의 반은 보장된다.

디앤티 대전 본사는 특수모니터를 개발하고 생산해서 수출하는 제조중심의 기업이며, 디앤티 서울사무소는 특수모니터에 쓰이는 반도체를 유통하는 유통중심 기업이었다. 두 회사의 CEO는 오랜 기간 좋은 파트너로 인연을 맺어오면서 양사의 핵심가치가 공유되고 시너지 효과를 내면 더 좋은 회사를 만들 수 있다는 판단으로 합병했다. 양사의 매출이 합쳐져 합병한 회사는 더 크게 성장을 했고, 양사의 성장 가능성에 대한 이해관계자들의 믿음도 더 공고해져 상장하겠다는 계획까지 세우게 된 것이다.

수많은 사람이 대박을 꿈꾸며 다양한 사업에 뛰어든다. 대기업에서 퇴직하면서, 중소기업에서 다양한 경력을 쌓은 후에, 대학 졸업 후 젊은 패기로 스타트업 CEO를 꿈꾸며 사업에 뛰어든다. 하지만 세상은 그리 녹록지 않다. 운이 좋아 대기업을 등에 업고 시작하는 중소벤처기업은 회사를 조기에 안정시키는 데 큰 어려움이 없지만, 대기업의 성패에 사업이 좌지우지되고, 지독한 갑질을 감내해 내야 한다. 중소벤처기업의 입장에서 대기업이 대등한 파트너로 인식해 주면 참 고마운 일이지만, 그런 좋은 관계를 유지 한다는 것은 쉽지 않다.

중소벤처기업에서 다양한 일을 배워 창업한 경영자들은 새로운 시장을 개척하는 데 엄청난 애로를 겪게 된다. 좋은 아이템을 개발·생산했다고 하더라도 판로를 개척하는 것도 매우 힘든 일이고, 좋은 유통 파트너를 찾는 것도 만만치 않은 일이다. 기막힌 아이디어를 가지고 창업을 한 젊은 스타트업 CEO들도 같은 어려움을 겪는다. 경험을 가진 중년 창업자들은 그들 나름의 재력과 네트워크를 가지고 시작하지만, 청년 창업가들은 재력도, 경험도, 네트워크도 없이 시작해 어려움이 더 크다.

결혼 파트너를 소개해 준다는 결혼정보회사, 좋은 직원을 소개해 준다는 헤드헌팅회사, 사업파트너를 소개해 준다는 컨설팅 회사, 좋은 집을 소개해 준다는 공인중개사, 물건 알선한다는 쇼핑몰 회사, 투자자금 소개한다는 펀딩 회사, 모두 우리 인생의 중요한 파트너들이다. 파트너를 잘 만나는 건 행운이요, 잘못된 만남은 불행이다.

일할 맛 나는 기업문화

가정에는 가풍이 있고, 학교에는 학풍이 있다. 지역사회에는 지방색이 존재하고 나라에는 오랜 역사를 두고 내려오는 전통문화가 있다. 이렇듯 사람들이 모여 사는 곳에는 모두 나름대로 쌓아온 독특한 분위기, 습관화되어 이어지는 전통 같은 것이 존재한다. 기업도 크든 작든 기업마다 각자의 독특한 문화가 존재한다. 기업문화는 창업자의 경영철학, 일하는 방식, 기업의 목표나 비전, 취급하는 제품의 특성, 기업이 속해있는 생태계, 회사가 위치한 지역적 환경 등에 따라 자연스레 형성된다.

디앤티 대전 본사는 창업 멤버들이 제조업 출신이며 대기업 전자회사 연구소 출신으로 설립한 회사다. 이 대기업 사업장이 충북 진천에 있어 임직원들도 진천과 청주 인근에서 채용된 사람들이 많아 비교적 소박하고 정적인 기업문화를 가진 제조회사다. 디앤티 대전 본사 회사 분위기 또한 별반 다르지 않았다. 사원들은 회사 앞 주차장에 족구장을 만들어 직원들끼리 간식 내기를 하는 등 소박한 분위기에서 회사생활을 했다.

디앤티 서울사업장은 반도체 유통과 개발 업무를 위주로 사업을 해온 터라 역동적인 기업문화를 가진 회사다. 아침에 출근하면 관리직과 연구직을 제외한 70% 인력이 외근하러 나갔다가 퇴근 무렵이 돼야 돌아온다. 영업사원들이 대부분이기 때문이다. 퇴근 시간이면 퇴근하는 사원들과 외근에서 돌아와 하루 업무를 마무리하는 사원들로 활기가 넘친다. 매주 금요일이면 인근 축구장이나 미니 축구장을 빌려 거래처와 운동경기를 하고 소주나 맥주 한 잔씩 즐기는 등 역동적인 분위기가 넘쳐났다.

매년 가을이면 대전의 본사와 서울사무소가 다 같이 가을 단합대회를 한다. 체육대회를 하거나, 등산하거나, 유적지를 관람하는 등의 행사를 하고 거나하게 만찬을 즐기고 끝을 낸다. 이 행사를 자세히 지켜보면 대전 본사 직원들과 서울사무소 직원들은 노는 분위기가 확연히 다르다. 한편에서는 조용하게 음식을 즐기는 분위기가, 한편에서는 소란스러운 정도로 술을 즐기는 분위기로 양분된다. 묘한 조화를 이루는 단합대회다.

신규사업을 추진하는 일도 두 사업장 간의 추진 방식은 확연히 다르다. 대전 본사는 OEM, ODM 생산이 주 사업으로 안정적이고 확실한 기회가 오면 추진하고 조금이라도 미심쩍은 면이 있으면 일에 대해서, 파트너에 대해 보수적인 태도를 취한다. 반면 서울사업장은 새로운 일에 대한 적극성이 높은 편이다. 기회가 오기를 기다리기보다는 기회를 찾아다니는 일이 많다. 사업이 성사될 확률이 낮아도 진취적으로 시도를 해보는 분위기다. 대전과 서울 모두 창업주의 성격과 유사한 면이 있다.

삼성과 LG, 현대, 대우, 롯데, SK 등, 한국 내 10대 그룹의 기업문화는 확연히 다르다. 대기업 기업 총수들이 쓴 자서전이나 회고록을 보면 경영철학과 비전, 일하는 방식, 일을 대하는 태도가 창업주의 성격, 기업태동 기반, 주력업종, 본사의 위치 등에 따라서 많이 다른 것을 보게 된다. 어떤 기업문화가 더 좋다고 단정할 수는 없다. 다만 다를 뿐이다.

사업의 운칠복삼(運七福三)

운칠기삼(運七技三)이라는 말이 있다. 사람이 살아가면서 일어나는 모든 일의 성패는 상당 부분 운에 달린 것이지, 노력의 비중은 비교적 작다는 뜻이다. 성공의 3할은 재능과 노력의 덕분이고 7할은 운수에 달렸다는 뜻이 담긴 말이다. 성공한 많은 사람이 스스로 하는 자기평가는 거의 노력의 결과라고 대부분 생각하지만, 타인들은 운이 좋았기 때문이라 평가하는 것이 일반적인 모습이다. 반면에 실패한 많은 사람의 생각은 그와 상반된 입장이 많다.

중소기업벤처기업가들을 만나 보면 큰 노력을 기울이지 않고도 대성한 사람들이 꽤 많은 것을 보게 된다. 이런 사람들을 나는 운칠복삼

(運七福三)이 있는 사람이라 했다. 사업상 운이 따라주고, 사업을 키워줄 좋은 파트너를 만나고, 애사심과 충성심을 가지고 열심히 일해주는 임직원들을 만나고, 열심히 일하는 나를 인정해주는 가족들이 있다면 이것은 많은 복을 받은 것이다. 그야말로 운칠복삼(運七福三)이다.

한편 몇 번씩이나 사업에 실패를 한 사람, 운도 따르지 않고, 기량도 모자라고, 지지리도 복이 없어 만나는 파트너마다 해를 끼치고, 채용하는 임직원마다 배신하고 떠나고, 열심히 일하는데도 힘든 나를 향해 원망을 늘어놓는 가족들이 있다면, 한 번쯤은 스스로 돌아볼 일이다. 성공하는 사람은 성공하는 이유가 분명히 있고, 실패하는 사람은 실패하는 이유가 확실하게 있다는 것을 아는 사람들은 다 안다.

좋은 부모를 만나 교육도 잘 받고, 물려주는 재산도 넉넉하고, 아버지와 어머니 인맥을 통해 사업상 좋은 네트워크를 만들어 사업을 성공적으로 이끌어가는 사람은 운칠복삼의 반열에 있는 사람이다. 이와 달리 그런 부모 찬스도 없고, 배우지도 못했고, 네트워크도 없이 힘들게 사업하는 사람들도 많다. 반면 대단한 부모 찬스가 있음에도, 물려받은 재산이 많음에도, 부모 인맥을 통해 좋은 기회가 있었음에도 실패하는 사람들이 있는데, 사업가로서 자질이 부족한 경우다. 요즘 말로 스토리를 가진 사람들은 힘들고 어려운 여건에서도 타고난 자질, 후천적 경험들을 잘 살려 자수성가하기도 하기도 한다. 배경이 있어야 성공한다는 일반화의 논리를 뒤집는 케이스다.

어릴 적부터 우리는 위인전을 많이 읽는다. 고난과 역경을 극복하고 위대한 인물이 된 많은 사람의 전기를 읽고, 그를 통해 도전을 받고 꿈을 키워나간다. 하지만 초등학교 시절에 대통령이 되겠다던 꿈이 중학생 때에는 장관이나 장군, 고등학교 때가 되면 학교 교사나 공무원, 대학을 졸업할 무렵에는 중소기업이라도 좋으니 취업만이라도 잘했으면 좋겠다는 소박한 꿈으로 바뀐다. 모두 그렇게 산다. 운칠복삼이 내 인생에도 찾아와주었으면 행복하겠다는 소시민의 마음으로 그렇게들 사는 것이다. 운이 복을 끌어들이고 복이 새로운 운을 끌어들이는 운칠복삼으로 살았으면 한다.

만능사원 창업 멤버와 기업문화 정착

중소벤처기업을 창업하고 경영한다는 것은 백지에 그림을 그리는 일이다. 훌륭한 사업 아이템을 가지고 있고, 협력할 파트너들이 든든하다고 해도 회사가 운영되도록 관리시스템을 갖추는 데에는 많은 일이 수반된다. 법인을 설립하는 일, 사무실을 임대하는 일, 공장설립허가는 받는 일, 인력을 채용하고 4대 보험을 적용하는 일, 세무신고를 하는 일, 결산을 하는 일, 수출입 신고하는 일 등등, 이런 수많은 일을 회사설립 초기에는 창업자 혼자 맡아서 해야 할 일이다. 법무사를 이용한다든가, 세무사나 회계사, 변호사의 도움을 받으면 되지만 비용이 적지 않으므로 운영자금이 빠듯한 창업자로서는 직접 해결해야 하는 경우가 대부분이다.

디앤티 대전 본사 창업 멤버 3명 모두 엔지니어들이다. 대표이사는 영업하고, 한 사람은 개발을 담당하며, 마지막 한 사람은 엔지니어 출신임에도 불구 관리책임자 역할을 하며 하나부터 열까지 회사설립과 운영, 관리 모든 것들을 알아야 했다. 디앤티 서울사업장도 마찬가지다. 반도체 영업을 하던 3명의 창업자가 회사설립과 운영, 관리 모든 것을 스스로 풀어가야 했다. 이렇듯 창업자는 만능사원이 되어야 한다.

창업자들이 고생해서 만능사원이 되는 것은 장점도 많지만, 부작용도 적지 않다. 창업 후 1~2년이 지나가면서 회사 경영이 적절하게 자리를 잡아가는 상황에서 인력을 채용하면 만능 창업자들은 채용한 사원들의 업무능력에 만족하지 못하는 경우가 많다. 육군 병장이 이등병이나 막 전입한 하사가 일하는 것을 보면 답답해하는 것과 비슷한 현상이다. 중소벤처기업 창업 초기에 채용되는 사원들은 경력이 짧은 경우가 대부분인데 만능 창업 멤버들의 마음에 들게 일하기란 쉬운 일이 아니다. 결국 작은 기업이라 일은 쉽고 만만할 줄 알았던 신입사원은 만능사원을 요구하는 분위기에 쉽게 적응하지 못하고 그만두는 경우가 비일비재하다. 경력사원 채용도 해보지만, 이들 또한 적응이 쉽지 않다. 이런 이유로 중소기업 이직률은 대기업 이직률을 크게 웃돈다. 결국, 이리저리 수배해서 친척이나 아는 후배들을 불러 쓴다.

이렇게 바닥부터 시작하는 창업 멤버들의 결속력은 남다른 응집력을 갖는다. 창업 멤버들은 창업자금이나 기술공여 형식으로 주주가 되니 더욱 책임감도 강하다. 같은 배를 타고 있다고 하는 운명공동체로서의 각오와 함께 고생하여 기업을 키워간다는 자부심도 대단하다. 창업 멤버들의 결속이 강하면 강할수록 중도에 입사하는 임직원들의 소외감은 크다. 이런 분위기는 조직 내에서 이질감과 배타성을 키워 건전한 기업문화를 정착시키는데 큰 걸림돌이 되기도 한다.

창업 초기에 창업자의 아내가 창업 멤버로 경영에 참여하는 경우도 많다. 이런 경우 회사 경영은 아내가 중심이 되어 이뤄지는데, 이때 임직원들은 왠지 모르게 자부심, 주인의식, 소속감에서 소외되어 겉돌게 되고, 오래 다녀도 큰 희망이 없겠다는 판단을 하고 쉽게 이직을 한다. 이렇게 이직과 채용이 반복되면 회사가 제 궤도에 오르기가 쉽지 않은 만큼 장기적인 관점에서 좋은 기업문화를 정착시켜야 한다.

사장과 직원의 동상이몽

누구나 사장이 되고 싶어 한다. 종업원으로 일하는 것보다는 사장으로 일하는 것이 당연히 폼도 나고 멋있는 일이다. 사장이 되기는 어렵지 않다. 맘먹고 자본금 좀 들여 회사설립을 하면 사장이 된다. 바로 자영업 사장이다. 월급쟁이 생활하다가 치사하고 아니꼽다고 회사 때려치우고 쉽게 사장이 되는 사람들을 주변에서 흔하게 보게 된다. 하지만 회사를 경영한다는 것은 충분한 준비를 거쳐 치밀하게 관리를 해도 쉽지 않다. 직장생활이 불만스러워 때려치우고 나와 사업을 하는 사람들은 사장의 고통을 잘 모르고 시작한다. 사장이 되기는 쉽지만, 사장 역할을 제대로 수행하여 성공적인 기업을 일구는 것은 어려운 일이다.

경력을 쌓고 능력을 인정받아 사장으로 초빙되어 사장 역할을 하는 사람들도 많다. 그렇게 되기까지는 엄청난 노력과 인정받는 과정을 거쳐야만 한다. 바로 전문경영인이다. 그룹 회사에는 계열사들이 많아 임원 생활을 오래 하면 계열사 사장 역할은 한번 할 수 있다. 그러나 대기업 임원이 된다는 것을 별을 단다고 할 정도로 대단히 힘든 일이고, 임원 중에서도 사장까지 하려면 학력과 경력, 능력을 인정받아야 한다. 이런 사장이 되기는 쉽지 않은 일이지만 대기업 계열사는 쉽게 망하지는 않는다. 다만 열심히 노력해 회사가 큰돈을 벌어줘도 임기가 차면 그만둬야 한다.

사장의 마음과 직원의 마음은 늘 상반된다. 사장은 임직원들이 주인의식을 가지고 회사를 내 회사처럼 아끼며 열심히 일해 주기를 기대하고, 직원들 마음은 좋은 환경에서 일은 편하면서 남다른 처우를 받고 싶어 한다. 회사에서 경영혁신이나 의식개혁 프로그램으로 외부 강사를 초청해 강의를 듣곤 한다. 사장님이 솔선수범하여 강의에 참석하고 주요 임직원들도 대부분 참석해서 어떻게 해야 경영혁신을 하고 의식을 개혁해 좋은 회사를 만들까 모두 경청하지만 똑같은 강의를 들어도 사장의 생각과 직원들의 생각을 다르다. 사장은 이 강의를 듣고 직원들이 혁신적으로 변화되기를 기대하며 강의를 듣는다. 직원들은 위로부터의 혁신을 꿈꾸며 꼰대 마인드를 가진 사장이 변하길 기대한다. 강의가 끝나면 모두가 공감하는 마음으로 열렬한 박수를 보낸다. 하지만 박수의 의미는 각각 다르다. 강의실을 떠나며 직원들은 말한다. "우리 사장 강의 잘 들었을까?"

맥슨전자 태국법인장 임기를 마치고 1년 반 정도 사업을 했다. 사장이 된 것이다. 법인장 소리를 듣다가 사장 소리를 들으니 좀 남다른 느낌도 있었다. 자영업자 사장은 힘들고 만만치가 않다. 모든 일이 내 일이고, 휴일임에도 쉴 수가 없고, 수익이 없어도 꼬박꼬박 월급을 줘야 하고 보험부담도 해야 하고, 점심도 먹여야만 한다. 반면에 임직원들은 월급과 퇴직금만 보장되면 큰 걱정을 안 한다. 이렇게 다른 사장과 직원의 마음이 조화와 균형을 이뤄야 회사가 성장할 수 있다.

위기는
또 다른 기회

세상은 넓은 바다와 같다. 잠잠하던 바다도 태풍이 몰아치면 모든 걸 집어삼킬 만한 파도를 몰고 왔다가 어느새 다시 잠잠해지고 평화로운 모습이 된다. 태풍은 바다 수면만 요동을 치게 하는 게 아니라 깊은 바닷속까지 휘저어 놓아 바다 생물들이 에너지를 얻는 기회가 된다. 태풍이 몰아치면 수십 년 된 나무들도 뿌리째 뽑혀 날아가기도 하지만, 모진 비바람을 잘 견뎌낸 나무는 썩은 가지와 병든 잎, 나무를 좀먹는 벌레들과 곤충들을 쓸어 버려서 건강한 모습으로 변신하고, 수분을 충분히 흡수한 뿌리는 생명력이 더 강해진다.

이 시대를 사는 중장년 세대에게 IMF 외환위기는 폭풍우와 같은 기억으로 남아 있다. 새끼가 날도록 위험을 무릅쓰고 높은 곳에서 떨어트리는 어미 독수리의 훈련처럼, 인간들도 큰 시련을 겪으면 응전하는 능력이 생겨나 더 큰 어려움도 극복할 수 있는 내공이 쌓인다. 그것이 인간의 역사다. IMF 외환위기로 인하여 수많은 기업이 역사 속으로 사라지고, 그 회사에 몸담고 있던 수많은 임직원은 새로운 도전의 길로 들어섰다. 모두에게 큰 위기였다.

역사를 보면 어느 나라나 고도성장기 이후에는 경제 사회적으로 큰 위기가 온다. 산업혁명을 주도하고 고도성장을 했던 영국도, 19세기 말에서 20세기 초 세계 경제를 좌지우지하다가 1930년대 대공황을 만난 미국도, 제조업을 기반으로 60년대~80년대 초고속 성장을 하다가 90년대 이후 20년의 장기불황을 겪은 일본도 그랬다. 70년대~90년대 가파른 경제성장을 이룬 한국도 고도성장 이후 후유증이 나타나고 있다. 국가적인 위기에 기업도 국민도 모두 힘든 과정을 스스로 이겨 낼 수밖에 없다. IMF 외환위기를 정치적인 잘못으로 보는 시각도 있지만, 경제적 관점의 평가도 많다.

한국의 통신산업 역사를 보면 드라마틱하다. 무선통신 시대를 대비하여 도입한 CDMA 기술은 그야말로 도박에 가까운 것이었지만 세계에서 가장 먼저 CDMA를 상용화하는 성과를 거두었고, 한국의 통신제품을 전 세계 시장에 수출할 수 있는 기반이 만들어졌다. 이로 인해 ETRI와 같은 정부출연 연구소와 KT, SKT, 삼성, LG, 팬택 등과 같은 망 사업자, 통신기기 사업자들에게 엄청나게 성장할 기회가 제공되었다. 하지만 스마트폰 시대가 급속히 도래하면서 위기가 왔다. 통신장비와 단말기 사업을 하는 Nokia, Motorola 같은 세계적인 회사들뿐만 아니라 CDMA 사업에 집중했던 한국 회사 관련 기술인력들에 위기가 오고 말았다. 수많은 정보통신 고급인력들이 구조조정으로 밀려나는 위기가 닥친 것이다.

IMF 위기 속에서도, 고도성장 후유증 가운데서도, 기술변혁의 어려움 속에서도 기회는 다시 찾아온다. 어린 시절 보릿고개를 경험하며 배고프게 살아온 한국 중소벤처기업의 임직원들은 이노비즈 기업, 혁신기업, 4차 산업 주력기업, 5G를 바탕으로 스마트팩토리솔루션 기업들을 새롭게 창업하여 그 뿌리를 다시 내리고 있다. 위기는 또 다른 기회다.

일 욕심이
회사와 자신을 키운다

일 욕심이 많은 사람이 있다. 내가 그랬다. 첫 직장 인켈에 입사해서 생산관리부에 배치를 받아 일했다. 생산관리부는 여러 가지 해야 할 많은 일이 있어 '잡동사니 부서'라는 자조적 별칭이 있을 정도였다. 나는 선진생산기법 연구·도입과 같은 멋진 일부터 내빈용 슬리퍼를 챙기는 궂은일까지 마다치 않고 했다. 그 많은 일을 하면서 많은 것을 배웠다. 그야말로 산 경험이다. 40년 가까이 같이 살아온 아내가 나에게 가끔 불평을 늘어놓는데 나의 일 욕심에 대한 불평이다. 가문의 일이든, 교회의 일이든, 회사의 일이든 왜 없는 일들을 만들어 사서 고생하냐고 바가지를 긁는다. 내 성격 때문인지 일 욕심을 많이 부리면 산다.

회사에서는 일 욕심이 많은 사람에게 많은 일이 맡겨진다. 조직상 당연히 해야 하는 일, 상사가 지시해서 하는 일, 수시로 생기는 일, 프로젝트 성 업무 외에 누군가는 해야만 하는 일들이 밀린 경우에도 일을 잘하거나 일 욕심이 많은 임직원 몫으로 돌아간다. 직장 상사의 관점에서 해야 할 많은 일이 생기면 일 잘하는 사람에게 맡긴다. 일을 가장 쉽게 풀어가는 좋은 방법이기 때문이다. 일을 잘 못 하거나 일을 피해 가는 직원에게 급하거나 중요한 일을 맡길 리는 없다.

조직 내에서 일을 잘하거나 많이 하는 사람은 시기와 질투의 대상이 된다. 일의 결과를 토대로 인사평가를 하고 고과를 받는데 일을 잘하거나 많이 하는 사람은 당연히 좋은 평가를 받는다. 나는 일 욕심도 있어서 열심히 했고, 일 잘한다는 평가를 여러 번 받다 보니 일부 선배나 동기들보다 진급을 빨리한 편이다. 사장 직속으로 신설된 부서에 전환배치도 되고, 대학원 공부도 하게 되면서 남다른 주목을 받았다. 부러움의 대상이 되기도 하지만 시기와 질투의 대상이 되었다. 남자의 질투 무섭다.

아무 일도 안 하면 아무 일도 안 생긴다. 한동안 같은 부서에서 근무했던 직장 선배의 일에 대한 철학이다. 일을 많이 하면 때론 좋은 결과를 내서 칭찬도 받고 승진도 하지만, 실패하면 엄청난 책임도 져야만 한다. 회사에서 임직원들과 같이 일하다 보면 스스로 할 일을 찾아서 하는 적극적인 직원들이 있는 반면에, 스스로 하는 일은 아무것도 없이 시키는 일만 겨우 해내는 지극히 소극적인 임직원들도 뜻밖에 많다. '일 많이 하면 월급 더 주나?'라는 식의 마음을 가진 이기주의자다.

중소벤처기업 임직원들은 일에 대한 욕심이 필요하다. 대기업은 조직이 일하지만, 중소벤처기업은 사람이 일하는 구조다. 한두 사람만 자리를 비워도 일이 순조롭게 돌아가지 않는다. 사장이라 할지라도 일이 많으면 손수 장갑을 끼고 땀 흘려 일을 마무리할 각오가 되어 있어야 한다. 사장이다, 임원이다, 간부사원이다 해서 직원들이 하는 일만 바라보고 지시만 해서는 안 된다. 중소벤처기업은 임직원 간 밀착근무를 하는 환경이어서 서로 간에 하는 일들을 훤히 파악하고 산다. 이런 근무환경에서 모두 일 욕심을 내는 기업문화가 정착된 회사라면 오래도록 장수하는 명문기업으로 거듭날 것이다. 다 같이 일 욕심 좀 내보자.

그릇의 크기

사람의 능력이나 포용력 등의 크기를 말할 때 그릇으로 비유한다. 능력이 출중하고 포용력이 있고 배포가 있는 사람은 그릇이 크다고 하고 그렇지않은 사람은 그릇이 작다고 말한다. 무언가를 그릇에 담을 때 그 크기에 따라 담는 양이 달라지는 만큼 사람의 능력이나 품성을 그릇에 비유한 말이다. 사장이 작은 그릇처럼 보이고, 직원이 큰 그릇처럼 보이는 건 이상한 조합이다. 사장은 그릇이 커야 하고 직원들은 그릇이 작아야 정상적인 조합일 것이다.

중소벤처기업에서 주어진 일을 하는 데는 여러 임직원이 필요하다. 한식밥상을 차리려면 간장 그릇, 국그릇, 밥그릇, 김치 그릇 등 여러 음식을 담을 그릇이 필요하다. 밥그릇에는 밥을 담아야 어울리고,

간장 그릇에는 간장을 담아야 어울린다. 간장 그릇에 밥을 담아 먹거나 국그릇에 간장이나 고추장을 담지 않는다. 이건 상식이다. 이렇듯 조직이 조화롭게 가동되려면 지식과 경험, 직급과 경력이 맡은 임무나 역할에 잘 맞춰져야 한다. 신입사원이 실무보다 경영전략이나 사업방향에 관해 이야기한다면 큰 문제가 아닐 수 없고, 임원이나 경영진에 좁쌀영감같이 실무에 집착하는 것도 어울리지 않는다. 물론 청년이사회나 중역회의를 의도적으로 만들어 임직원들에게 경영마인드를 심어주는 회사도 있지만, 그것은 간접체험의 형식으로 실무적인 일에는 아이디어를 얻는 정도다.

어느 대기업에서 임직원을 네 가지로 구분하여 유형에 맞는 관리를 했다고 한다. '똑게'는 똑똑하지만 게으른 유형, 경영진이나 임원급에 적합한 유형이란다. '똑부'는 똑똑하기도 하면서 부지런한 유형, 일을 많이 하는 직원에게 적합한 유형이란다. '멍게'는 멍청하면서 게으른 유형, 조직에서 관리의 대상이 되는 유형이란다. '멍부'는 멍청한데 부지런한 유형, 사고 치는 일로 바쁜 유형이라 퇴출대상이란다. 멍청하면 부지런하기보다는 오히려 게으른 것이 낫단다. 게으르면 사고를 칠 일이 적기 때문이다.

중소벤처기업 경영자 중에는 똑부들이 많다. 그리고 그것을 능력이라고 생각한다. 중소벤처기업 사장들은 보통 도전의식이 있거나 오랜 경험을 가진 사람들이기 때문이다. 이런 사장과 일을 하는 임직원들은 엄청 피곤하다. 사장이 볼 때 임직원이 자기와 같이 부지런하고 똑똑하고 성실해 주길 바라지만 중소벤처기업 수준에서 그런 인재를 뽑기는 쉽지 않다. 보통 중소벤처기업에는 성실한 사람들은 많고 출중한 사람들은 비교적 적다.

꼭 그런 것은 아니지만, 대기업 경영진들은 똑게 유형의 경영자들이 많고 그래야 한다고 생각하는 사회적 인식이 크다. 큰 회사 경영자들은 크고, 넓고, 깊게 연구하며 사업상 의사결정을 하는 것이 바람직하다. 따라서 똑똑하면 되고 게을러도 용납할 수 있다는 인식이다. 대기업 사장이 직접 현장에 나가 직접 실무를 하면서 직원들의 고충을 이해하거나 현황파악을 하는 일은 간혹 있지만 모든 일을 그렇게 처리하는 것은 오히려 비효율이다.

경영관리의 궁극적인 목표는 일의 효율성을 높여 이윤을 극대화하는 것이다. 그러기 위해서는 임직원들 그릇의 크기와 모양과 깊이를 잘 파악하여 최적화하는 노력이 필요하다. 인사관리, 경력관리, 성과관리, 전환배치 등이 그런 영역이다

G밸리와 스타트업이 가져올 변화

미국에 실리콘밸리가 있다면 한국에는 G밸리가 있다. G밸리를 관리하는 기관들과 입주기업들은 이런 남다른 자부심을 품고 열정을 보인다. G밸리는 서울디지털산업단지가 있는 가리봉동, 구로동, 가산동의 영문 공통 이니셜을 딴 애칭이며, 구로구의 구로디지털단지와 금천구의 가산디지털단지의 이니셜로 통칭하기도 한다. 과거 60~70년대에는 구로공단이라는 이름으로 산업단지가 조성된 이후 한국 수출산업을 주도할 정도로 중요한 역할을 했었다.

그러나 1980년대 이후 우리나라 임금이 급상승하는 등 제조업 환경이 경쟁력을 잃으면서 관련 산업이 지방이나 개발도상국으로 이전을 시작하였고 서울이 국제경제 도시로 급속히 변모하면서 구로공단의 이전과 변화 압력을 받게 되었다. 1990년대 이후에는 전반적인 산업구조의 변화를 맞이하면서 국가적인 차원에서 구로산업단지를 첨단산업단지로 탈바꿈시켜 전자, 통신, 반도체, 의료장비 및 바이오 등 첨단 지식형 산업을 유치하였다. 2000년대 중반부터 ICT 벤처 타운으로 급속히 성장하였고, 세계적으로도 첨단벤처산업으로의 전환이 성공적으로 이루어진 대표적인 곳으로 평가를 받는다.

디앤티 대전 본사에서 CFO 역할을 마무리하고 자회사로 편입된 B사의 대표이사를 맡아 3년간 일했다. B사는 가산디지털단지 중심에 사무실을 두고 사업을 했다. G밸리에는 수많은 스타트업 기업들이 생겨나고 사라지는 곳이다. LG전자와 같은 큰 규모의 기업들, 기존 사업을 꾸준히 유지해온 300~500명 규모의 장수기업들이 있지만, G밸리에 입주한 80~90%의 기업들을 10~30명 규모의 작은 소기업들이다. 이 기업들의 배경을 보면 국가나 대기업 연구소 출신부터, 중소기업 임직원 출신들과 대학을 졸업하고 곧바로 창업한 스타트업 기업들로 다양하다.

대덕연구단지와 같은 지역 연구개발단지를 중심으로 시작하는 스타트업 기업들도 있다. Start-Up의 원래 뜻은 컴퓨터 시스템에서 프로그램의 작동을 시작하는 일을 말하는데, 실리콘 밸리를 비롯한 세계 각국 연구개발 중심 권역에서 설립된 지 오래되지 않은 신생 벤처기업들, 이노비즈 기업들을 통칭하는 말로 쓰이고 있다. 2010년 이전에는 전자, 통신, 의료장비, 바이오 분야에서 신제품을 개발하고 생산하는 벤처기업, 스타트업이 주류를 이루었으나 2010년 이후 온라인게임, 플랫폼, 전자상거래 관련 기업들이 크게 늘었다.

코로나 시대가 예기치 않게 다가와 비대면 강의나 회의와 관련된 제품이나 솔루션, 물류플랫폼 비즈니스, 재택근무의 활성화로 파생된 여러 방면의 신규사업들이 신생 스타트업 기업들을 통해서 활성화되면서, 포스트 코로나 시대 색다른 현상을 미리 보여주고 있다. 스타트업 기업을 통해서 달라지는 세상을 경험하는 것도 신선하고 행복한 일이다. 공무원, 공기업, 대기업이나 금융권 부러워 말고 중소벤처기업에서 더 좋은 길을 찾자.

회사의 안정과 성장을 돕는 조력자

중소벤처기업에는 안정과 성장을 도와줄 경영 고문, 기술 고문 등을 초빙한다. 사내에 산재한 수많은 일을 처리하는데 전문성이나 경험이 필요한 일들을 학력과 경력, 풍부한 경험을 가진 이들을 자문역, 고문역으로 모셔 활용하는 것이다. 이런 흐름으로 대기업에서도 법무법인이나 회계법인 등에서 자문을 받고, 정부투자기관도 여러 가지 목적을 가지고 전문가를 모셔 취약한 부분을 보완한다. 경영활동의 조력자들이다.

조력자들이 중소벤처기업에 합류하는 목적과 유형은 상황이나 사정에 따라 다양하다. 회사가 절대적으로 필요해서 삼고초려 하여 모시기도 하지만, 본의 아니게 낙하산 타고 내려오는 이들도 있다. 이럴 경우 규모가 크지 않은 중소벤처기업에서는 부담이 되기도 한다. 회사에 문제가 생기면 보호막이나 해결사 역할을 위해서 조력자를 모시는 것이 가장 일반적인 모습이지만, 회사가 보유하지 못한 기술이나 경영 노하우를 접목할 목적으로 모셔오는 경우도 많다.

조력자가 회사에 적을 두고 일을 하기 시작하면 예기치 않은 상황이 생기기도 한다. 존재감을 보여주기 위해서 경영활동에 깊게 관여하면서 기존 경영관리 조직과 아주 큰 갈등을 만들기도 하고 분란의 씨앗이 되기도 한다. 반면에 존재감을 보여주지 못하면 계약관계가 지속되지 못하고 중단되어 불편한 관계가 만들어지기도 한다.

자문이나 고문 계약을 맺으면서 회사와 조력자의 생각이나 기대되는 성과는 상반되기도 한다. 자문의 내용이 유효하지 않아 성과가 없으면 회사로서는 실망이고, 자문해주는 대로 회사가 따라주지 못하는 여건이 계속되면 갈등이 생기기도 한다. 자문한다는 것이 경영진을 질타하는 모습으로 비치거나 임직원들의 사기를 저하시키는 결과로 나타나기도 한다. 힘이 되어야 할 조력자들이 짐이 되는 경우다.

'인터엠'은 기술 고문과 경영 고문을 잘 활용하는 회사 중 하나다. 특히 일본 유력회사에서 오래 근무한 엔지니어들을 초빙하여 연구개발에 참여시킨다. 기술 고문으로 모신 일본인이 세 사람인데 그들 모두 업계 베테랑 역할을 했던 분들이다. 이들이 고문역으로 일하는 모습은 한국 고문들과 차이가 크다. 해야 할 일들에 대해 확실한 범위를 정하고 목표로 하는 결과에는 책임을 져서 실무자들이 일하는 것보다 더 실무적인 결과를 만들어낸다. 여러 회의에 참석해 회사가 가는 방향을 명확하게 인지하고 때로는 넓게, 때로는 깊게 문제해결에 실질적인 역할을 해준다.

인터엠에는 정년이 지나고도 일하는 엔지니어들이 여러 명 있다. 주로 연구소 출신인 이들은 기술적 노하우를 바탕으로 지속 반복되는 일들을 해결하는 일을 주로 맡아 하고 있다. 예를 들면 단종되는 전자부품이 매월 십수 건씩 생겨 대체품을 찾아 즉시 대응해야 하는데, 이런 중요하면서도 반복적으로 일어나는 일들을 처리하며 임금피크제 계약직 형태로 일하고 있다. 이런 선택은 회사도, 퇴직 임직원들에게도 좋은 일이니, 숙련된 인력이 부족하여 애를 먹는 중소벤처기업에 추천하고 싶다.

역사를 만드는 장수기업

중소벤처기업 중에는 자수성가로 일군 기업이거나 가업승계로 물려받은 회사들이 많다. 자수성가로 고생하며 일군 기업의 오너는 회사에 대한 애착이 병적일 정도로 심하다. 반면에 2세, 3세로 가업을 이어받은 경우는 회사에 대한 애착이 비교적 적은 편이다. 사람도 마찬가지지만 한 세대를 30년으로 본다면 2세, 3세가 경영하는 그런 회사는 장수기업 반열에 들어섰다고 봐도 될 것이다. 2020년 기준으로 국내 상장기업의 평균수명이 23.9년이라고 하니 한 세대 30년을 넘긴 기업의 내공은 뭔가 남다르다.

70~80년대 고도성장기에는 성장기업들이 각광을 받았고, 단기간에

대기업으로 성장하는 기업들도 많았다. 기업규모가 큰 회사들은 계열사들을 늘려 그룹 회사로 사세를 늘렸다. 하지만 90년대에 들어와 IMF 외환위기를 겪으면서 기업체질이 약한 많은 기업이 역사 속으로 사라지는 일들이 자주 생기면서 성장기업들보다는 장수기업들이 각광을 받기 시작했다. 역사적으로 봐도 미국 상위 500대 기업의 역사는 평균 40년이고, 메이지 유신 이후 100년 동안 100대 기업에 오른 일본기업들의 평균수명도 대략 30년인 것을 고려한다면, 30~40년 이상 장수기업으로 살아남는다는 것은 박수받을 일이다.

내가 대표이사로 3년간 근무했던 인터엠은 37년의 역사를 가진 회사다. 오너 경영자는 초창기 선대 회장께서 세운 회사에 입사하여 근무하다 경영권을 이어받아 30년 넘게 경영한, 실질적인 경영 1세대로 지금은 2세대 경영을 준비하고 있다. 산업용 음향기기를 주력제품으로 37년간 업계 1위를 지켜온 전설적인 기업이며 후발기업들이 감히 따라오기 어려울 정도의 격차로 선두기업의 지위를 유지하고 있다. 600여 개 이상의 중소벤처기업들이 가입되어있는 한국전자산업협동조합 회원사 중에 삼익전자, 코맥스 등이 창업 40년을 넘긴 명문장수기업들이다.

독일이나 일본, 대만, 홍콩 등 기업 역사가 비교적 오래된 나라들에는 장수기업들이 많은데 대기업들보다는 중견기업이나 중소벤처기업들이 주류를 이룬다. 성장보다는 내실을 튼튼히 하는 경영을 해왔기 때문에 100년을 넘긴 기업들도 많다. 장수기업의 저력이 국가 경제를 떠받치는 근간이 되면서 장수기업에 관한 연구도 계속 발표되고 있다. 근래 발표된 연구보고에서 장수기업 비결 몇 가지가 제시되었다.

1. 한 분야만 파는 '한우물 경영'
2. 외형보다 숫자로 승부하는 '내실경영'
3. 고객을 중요시하는 '눈높이 경영'
4. 노쇠화를 방지하는 '혁신경영'
5. 사회적 책임을 다하는 '윤리경영'

이 5가지가 장수기업의 공통적인 모습으로 정리되었다.

1984년 함께 대학을 졸업하고 그룹 회사에 대거 입사했던 친구들이 많았는데, 대우그룹 계열사에 입사했던 친구들은 대우그룹의 해체와 함께 힘들고 어려운 시간을 이겨야 했다. 대우그룹 외에도 10여개 그룹이 역사 속으로 사라졌다. 금융권이나 벤처투자회사들의 행태도 많이 달라졌다. 성장성을 중시하던 분위기에서 수익성이나 기업의 지속가치, 이익유보율 같은 내재가치를 중시하는 분위기로 전환되고 있다. 30년, 50년을 넘어 100년 장수기업의 역사를 써가는 행복한 중소벤처기업들이 많아졌으면 한다.

같은 호흡, 열린 마음으로 여는 미래

학교 운동회나 단체 행사에서 이인삼각 경기를 많이 한다. 두 사람이 한발씩 발을 묶어 3개 다리를 가지고 달려 승부를 가르는 경기다. 이 경기에서 이기는 방법은 엇박자가 나지 않게 협력해 잘 뛰어야 한다. 달리기를 잘하는 사람들이라 할지라도 쉬운 일이 아니다. 져도 같이 지고, 이겨도 같이 이긴다. 함께 뛰는 두 사람의 운명이 똑같이 결정되는 게임이다. 이런 유형의 단체게임들이 많다. 둘이 같이 줄넘기를 하는 게임이라든가, 둘이서 제기를 돌려차서 누가 많이 차나 시합하는 것들이 그거다. 4명이 이어 달리는 400m 계주, 10여 명이 참여하는 단체줄넘기, 농구, 배구 축구와 같은 구기 종목 등의 단체경기는 혼자서만 잘한다고 경기에서 이기지 못한다.

전자제품이나 통신제품을 개발할 때에는 하드웨어(H/W)와 소프트웨어(S/W)가 같이 개발되어야 한다. 아날로그 시대에는 하드웨어 영역인 회로파트와 기구파트가 협력을 잘하면 좋은 제품이 나올 수 있었는데, 디지털 시대가 급속하게 열리면서 형상관리를 완성하는 하드웨어와 콘텐츠가 운영되도록 하는 소프트웨어가 동시에 개발되어야 한다. 이런 변화로 전자공학을 전공하고 같이 입사한 연구원 중에 일부는 하드웨어 설계담당자로, 일부는 소프트웨어 설계담당자로 나누어 일하기도 한다. 두 영역이 동시에 개발되어야 제대로 된 제품이 완성되기 때문이다. 이는 서로 호흡이 중요한 이인삼각 경기와 같은 업무다. 전자제품에 통신기술이나 네트워크 기술이 들어가면 4~5명 이상이 호흡을 맞춰야 하는 일도 비일비재하다.

중소벤처기업에는 연구소 외에도 이인삼각 게임과 같은 형식으로 협력해서 일 처리를 해야 하는 것들이 많다. 마케팅팀과 영업팀의 호흡도 중요하다. 영업팀과 시공팀도 호흡이 잘 맞아야 현장 공사를 잘 마무리할 수 있다. 어떤 현장에는 여러 개의 제품을 여러 팀이나 여러 회사가 와서 협력해야만 일이 마무리되기도 한다. 이런 상황에서는 일 전체를 한눈에 들여다보고 컨트롤타워 역할을 하는 사람도 잘 해야 하지만 전체가 하나의 목적을 위해서 일사불란하게 협력해야 한다. 중소벤처기업의 경영은 사장을 비롯한 모든 임직원이 이런 열린 마음을 가지고 모두가 내 일처럼 책임감 있게 최선을 다 해주는 노력이 절대적으로 필요하다.

사람이 마음을 열고 양보하고 희생하며 산다는 것은 쉽지 않다. 하지만 쉽지 않은 일을 해낼 수 있는 조직은 성공하는 조직이 된다. 작은 장애물에도 쉽게 넘어지는 조직은 경쟁사회를 이겨낼 수 없다. 경영자와 임직원들이 한마음으로 단합하고 응집력을 키워서 많은 성공경험을 토대로 위기에 강한 기업문화가 만들어져야 한다. 강소기업을 육성해 국가 경제의 기초를 다져가자고 하는 노력이 범국가적으로 진행되고 있다. 한 분야에서 누구도 따라올 수 없는 챔피언 기업, 장수하는 중소벤처기업들이 많이 생겨야 한다. 근래 중소벤처기업에서 '명문장수기업'을 선발하여 더 훌륭한 기업으로 성장하도록 정부가 지원하는 제도도 있다. 이런 일은 사장과 임직원들이 함께 열린 마음을 가질 때 가능하다.

경영의 과유불급(過猶不及)

부엌가구 사업을 20여 년 넘게 하던 형님이 IMF 직전 부도가 났다. 80년대 초반에 사업을 시작할 때는 단독주택이나 작은 빌라 단지에 납품하면서 14~5명의 직원을 데리고 안정적으로 회사를 운영하였다. 그러나 1990년대에 들어 전국적으로 아파트 건설 경기가 호황을 누릴 시기에 잘 알고 지내던 인테리어 전문회사 사장의 권유로 무리하게 사업을 확장했다. 1천 세대가 넘는 아파트 단지에 대량으로 납품한 것인데 건설회사가 부도를 내면서 그 여파로 운영하던 회사도 부도를 내게 되었고 큰 어려움을 겪었다. 회사의 규모에 맞는 사업을 해야만 하는데 욕심을 부렸다가 큰 화를 입은 것이다. 형님은 이 일로 사업을 접고 한동안 힘들어했다.

논어에는 과유불급이라는 말이 있다. '모든 것에서 정도가 지나치면 미치지 못한 것만 못하다'는 뜻이다. 중용의 중요함이다. 기업경영을 하면서 피해야 할 일 중에 가장 주의해야 할 것이 욕심과 조바심이다. 인류의 크고 작은 일들은 모두 욕심과 함께했다고 해도 과언이 아니다. 남의 나라를 침략하여 속국으로 삼는 일도 욕심이요, 남의 것이 커 보이고 탐이 나 무리하게 따라가는 결정을 하는 것도 욕심의 한 모습이다.

욕심은 조바심에서 유발되는 것이 보통이다. 근래 아파트 가격이 폭등하여 시세차익을 얻은 사람들이 많다. 이런 흐름은 주기적으로 있었는데 욕심을 부려 흐름을 잘못 타 낭패를 보는 일은 주변에서 흔하게 볼 수 있다. 가상화폐로 초기에 수익을 낸 사람들을 보고 나중에 투자했던 많은 사람이 가상화폐를 화폐로 인정하지 않은 나라가 늘어나고, 상장 폐지되는 코인들이 생기면서 줄줄이 낭패를 보고 있다. 옆집 부모가 애들에게 여러 가지 과외를 시키는 것을 보고 조바심이 생겨서 이것저것 가리지 않고 과외를 시켜 돈은 돈대로 쓰면서 아이들은 너무 힘들어 포기하는 일도 조바심의 발로다. 중소벤처기업 사장은 끈질기게 기다리며 인내하면서 확실한 수익보장이 되는 사업에만 손을 대야 한다. 매출이 줄고 적자가 나는 상황에서는 조바심이 자주 생기고 커진다.

기업경영을 하다 보면 수없이 많은 제안이 들어온다. 제안서를 만들어 찾아오는 외부 사람들의 사업계획서에는 늘 장밋빛으로 화려하게 그려진 그림이 들어있다. 그 그림에 현혹되고 욕심이 생기면 무리한 결정을 하게 된다. 악화가 양화를 구축하는 일이 생긴다. 연구개발이나 영업만을 주 사업으로 하던 중소벤처기업 경영자들은 직접 제조업을 하고 싶은 유혹이 생긴다. 안정된 제조기반을 갖고 유지하는 게 쉬운 일이 아닌데 욕심이 생긴다. 노사문제, 원재료 수급, 품질인증, 보증 등 끌어안고 가야 할 일들이 너무도 많다는 것을 간과하기 쉽다.

사람에 대한 욕심이 생겨 낭패를 보는 경우도 많다. 학력과 능력이 출중하다고 생각되는 사람이 나타나면 뭔가 큰일을 할 수 있을 것 같아 무리한 제안을 하기도 한다. 학력과 능력이 출중한 사람도 여건이 갖추어지지 않으면 자기 역할을 못 하는 경우가 다반사다. 대기업 임원 출신들이 중소벤처기업에 와서 일하면 대부분 실패한다. 거의 실무자와 같이 직접 일해야 하는 중소벤처기업 환경이 큰 의사결정과 결재만 하던 대기업 임원에게는 안 맞는 탓이다. 중소벤처기업 경영자는 과유불급을 잘 새겨야 한다.

비빔밥처럼 조화롭게

요즘 비빔밥이 화제다. 세계적인 아이돌 그룹 BTS 멤버들이 비빔밥을 좋아한다고 했기 때문이다. 이게 또 절묘하게 BTS 멤버들과 매치가 되는데, BTS는 일곱 명 각자가 자신만의 멋진 매력을 지니면서도 함께 어우러져 더 새롭고 훌륭한 모습으로 변신한다. 서로 다른 개성을 가진 멤버들이 비빔밥의 여러 재료처럼 잘 어우러져 놀라운 모습으로 변신하는 것이다. 정치권에 청년 신드롬을 몰고 온 이준석 '국민의 힘' 신임 당 대표도 비빔밥 정신을 말했다. 한목소리만 내기를 강조하던 보수정당에서 비빔밥의 많은 재료와 같이 여러 목소리를 내더라도 함께 어울려 더 색다르고 맛있고 영양가 있는 비빔밥처럼 변신하자는 것이다.

중소벤처기업에서도 이 비빔밥 정신이 잘 정착되어야 한다. 대기업에서 비빔밥 정신을 만들어내는 것은 조직규모의 측면에서 어려운 일이다. 가마솥에 밥을 비비면 너무 커서 비비기도 힘들고 먹기도 힘들다. 비빔밥은 적당한 그릇에 밥과 재료, 참기름, 고추장 등 적당한 재료를 넣고 이를 잘 비벼야 그 맛이 살아난다. 중소벤처기업은 사업의 내용이나 인력의 규모, 행해지는 많은 기업활동에 비빔밥 정신이 도입되면 큰 성과를 기대할 수 있다.

융합과 복합 시대가 성큼 다가왔다. 협업(Collaboration)시대가 온 것이다. 나는 인켈에서 음향산업의 일면을, 맥슨전자에서 통신산업의 일면을, 디앤티에서 영상산업의 일면을 경험했다. 이런 경험은 오디오, 비디오, 통신산업이 융합된 많은 사업을 이해하는 데 큰 도움이 되었다. 경찰청, 소방청, 시청, 초대형 빌딩, 감시센터 등의 종합상황실에는 음향, 영상, 통신이 어우러진 관제시스템이 구성되고 운영된다. 열차운행을 위한 철도차량 관리시스템도 음향, 영상, 통신장비가 융합되어야 한다. 비유로 말하자면 비빔밥과 같이 서로 다른 기술들이 어울려 최적화되어야 한다.

융합제품들이 쏟아져 나오는 지금 시대에, 일하는 구성원들의 팀워크도 비빔밥과 같이 어우러져야 한다. 인터엠에서 개발·생산하는 제품은 적게는 2~3개, 많게는 20개 이상 다른 기능을 겸하는 제품들이 결합하여 시스템을 구성한 다음 판매된다. 이런 업종의 특성이 있어 시장조사–제품기획–개발–생산–인증–판매–서비스 등, 단계마다 많은 인력이 투입되고 한 가지 목적을 향해 의기투합한다.

중소벤처기업은 여건상 말단직원부터 사장까지 비빔밥 정신으로 무장하면 못해 낼 것이 없다. 사장은 직원들에게 감사하는 마음을, 직원들 역시 사장에게 감사하는 마음으로 일하면 비빔밥에 참기름 친 것과 같은 행복한 맛을 낼 수 있다. 공무원조직이나 공기업, 대기업에서 맛보기 힘든 멋진 일을 중소벤처기업에서 해낼 수 있다. 합창단과 오케스트라 지휘자가 서로 다른 소리로 멋진 음악을 만들어내듯이 비빔밥 정신으로 멋지게 해보자.

Part 3

회사와 함께
직원과 함께

사장도 행복할 권리가 있다

사람은 누구나 행복하기를 소망한다. 열심히 공부하는 것도, 성실하게 일하는 것도, 돈을 많이 벌려고 하는 것도, 친구들이나 이웃들과 좋은 관계를 유지하려는 것도, 신앙생활의 목적도 행복을 위한 것이다. 인류는 존재하는 순간부터 행복을 갈구했고, 정의를 내리려고 했다. 노래도 했고, 나누려고도 했던 행복, 아직도 많은 이들이 행복한 순간을 위해 산다.

부모의 행복은 자식이 잘되는 일이고, 대통령의 행복은 모든 국민이 평안한 것이다. 중소벤처기업을 경영하는 사장의 행복은 무엇일까? 창업하든 가업을 물려받든, 전문경영인으로 초빙을 받아 일하든 사장은 고독하다. 경영은 결국 남의 지갑을 열어, 자신이 개발-생산-판매하는 제품이나 정보, 서비스를 사게 만드는 일이고, 이는 쉬운 일이 아니다. 수많은 경제학자, 경영학자들이 많은 경영기법을 연구해서 이론으로 정립했지만, 그 이론에 꼭 맞게 경영활동이 이루어지지는 않는다. 회사는 법이 정해준 법인이라는 인격체라 조직에 수백 가지 기능과 신경망이 건강하게 움직여야 목적을 이룰 수 있고, 매출목표와 이익목표를 달성해야 만족감을 얻을 수 있다.

사장이 고독한 존재인 것은 어깨에 짊어진 짐이 가볍지가 않기 때문이다. 사장들을 바라보는 외부의 시선은 부러움과 선망의 대상이지만, 고백을 안 할 뿐 사장들의 머릿속은 늘 복잡하고, 가슴도 답답한 긴장된 생활을 한다. 경영이 잘되는 회사는 그 상황을 계속 유지해 가기 위해서, 경영상황이 악화된 회사는 악화된 상황을 회복하기 위해 애쓴다. 악화된 정도가 심해 직원들 급여도 제때 못 줄 상황이 되면 밤잠도 못 잘 뿐 아니라 도피해 다녀야 하는 상황이 오기도 한다. 금융권이나 친인척들, 지인들의 자금을 빌려 사업을 하다가 악화되면 감당하기 어려운 상황이 된다. 겉보기는 그럴듯해도 매일 애간장이 타들어 가는 중소벤처기업 사장들이 너무 많다. 사장이 고독하고 외로운 존재인 이유는 마지막 의사결정자이기 때문이다.

규모가 큰 회사의 중요한 일은 이사회, 임원회의, 중역회의를 통해서 부담감과 지혜와 경험을 나누며 결정하지만, 규모가 작은 벤처중소기업의 사장은 외롭게 혼자서 결정한다. 이사회나 중역회의를 통해서 의사결정이 되는 중견기업이나 대기업이라도 결국 모든 책임은 사장이나 대표이사의 몫이다. 사장에게 보고되는 일 중에 상당 부분은 임직원들이 스스로 감당하기 어려운 일들이다. 평소에는 거리감을 두다가도 큰일이 생기면 사장을 찾아와 보고한다. 보고하는 주목적은 '사장님 보고했으니 책임지고 해결해 주세요.' 이런 의미가 담겨있다. 물론 잘한 일을 보고 할 때도 있다. 이때의 의미는 '제가 이렇게 잘했습니다. 칭찬 좀 해주세요'이다. 같은 보고이지만 성격이 완전히 다르다.

국부를 창출하고, 임직원을 고용하고, 세금을 부담하여 국가 경영에 바탕을 이루고 있는 회사 사장들은 행복할 권리가 있고 행복해야 한다. 열악한 환경 속에서 고군분투하는 중소벤처기업 사장들이라면 더욱 그래야 한다.

나누고 베풀며 성장하는 기업

돈을 버는 일, 멋지게 쓰는 일은 행복이다. 디앤티에서 CFO로 일 할 때다. 2006년 12월 코스닥상장 이후 지속적으로 매출이 증가하고 이익규모도 커졌다. 힘들고 어려운 일들을 임직원들이 합심하여 노력하고 달성해서 생긴 성과다. 개발생산 제품의 95%를 수출하는 구조라서 환율이 급등하던 어느 해에는 환차익이 큰 규모가 되었다. 창업 이후 이익을 실현하는 분기가 꽤 오래 이어졌다. 이익이 나면 이익을 유보하여 재투자 여력을 늘려가는 것은 모든 기업이 하는 일인데, 경영진들은 수고하고 애써온 임직원들의 노고에 보답하는 기회를 갖기로 했다.

이익규모가 창사 이래 가장 컸던 그해에 모든 임직원에게 500% 성과급을 지급했다. 성과급을 받은 직원들에게 그 자금을 이용해서 우리사주 매입을 제안했고, 우리사주조합은 회사의 제안을 흔쾌히 받아들였다. 회사는 임직원들에게 성과급도 주고, 우리사주를 발행해 종업원들이 주주가 되는 기회를 제공했고, 성과급은 자본화되어 회사로 유입되었다. 창업 멤버부터 갓 입사한 말단 생산직 사원들까지 근속연수와 직급, 인사고과를 고려하여 작게는 4~5천 주에서 많게는 2만 주까지 배정되었다. 같은 배를 탄 임직원들과 성과를 나눈 것이다.

2015년 중반 무렵 미국계 사모펀드는 한국에서 투자할 만한 회사를 찾던 중 디앤티에 투자를 결정했다. 구주 인수 방식*으로 45% 내외의 주식을 인수하며 최대주주가 되었다. 이때 경영진에서는 우리사주조합 주식을 사모펀드가 인수하도록 합의했다. 임직원들이 우리사주를 인수했던 가격의 약 4배 수준에서 주식이 거래되었다. 임직원들은 작게는 3천만원, 많게는 1억원이 훌쩍 넘는 차익을 얻었다. 종업원 120명쯤 되는 중소기업에서 경영성과를 임직원들과 나눈 경영진들은 행복했다.

돈을 왜 벌까? 쓰기 위해서 번다. 번 돈을 자신과 가족을 위해서만

* 소유자가 있는 주식을 구매하는 방식. 신주는 새로 발행할 주인이 없는 주식을 의미한다.

쓰는 사장의 행복은 작은 행복이다. 임직원들을 한배에 탄 공동운명체로, 가족으로 생각하고 나누고 베풀 열린 마음을 갖는 것은 큰 행복이다. 이런 사장은 돈을 버는 목적이 더 분명해진다. 주주들이 투자를 해줘서 회사가 만들어졌고, 직원들이 일해서 이익을 냈고, 파트너의 도움으로 회사가 성장했는데, 그렇게 번 돈을 자신만을 위해서 쓴다면 이는 열매 없는 나무와 같다. 돈을 벌어 보람 있게 잘 쓰면서 행복감을 맛본 중소벤처기업 사장들은 나누고 베푸는 것이 더 큰 행복감을 준다고 말한다.

임직원들이 평소에 열심히 일하고, 좋은 성과를 만들어내고, 가족동반 해외 골프모임도 갖고, 연말에 고급 음악회나 뮤지컬을 함께 감상하고, 임직원 자녀들에게 장학금도 주고, 능력 있는 직원들은 대학원 공부도 시키고, 해외에 연수도 보내고, 이렇듯 열린 마음으로 나누고 베푸는 사장은 정말 행복하다. 고통과 슬픔은 나누면 반이 되고, 사랑과 행복도 나누면 배가 된다.

인재를 키우는 교육

자식을 키우는 즐거움은 삶에서 최고의 행복이다. 부모의 뜻대로 잘 커서 안정되고 미래가 보장된 좋은 직업을 갖고 사회인으로서 출발한다면 그보다 더 큰 행복은 없다. 겉보기에 자랑할 것이 없는 자식이라도 남에게 폐 끼치지 않고 제때 가정을 이루고 제 밥벌이하며 살기만 해도 큰 행복이다. 혹여 자식이 아니라 친인척이나 힘들고 어려운 결손 가정의 청소년들을 자식처럼 길러내 사회생활 잘하게 하는 것도 큰 행복이다. 요즘 크게 화제가 되는 최재형 전임 감사원장 방식의 행복이다.

중소벤처기업에 진입하는 신입사원들의 학력이나 경력은 대기업과는 다소 차이가 있다. 공부 좀 하고 부모 찬스를 잘 활용한 청년들은 전문직이나 공무원, 정부투자기관, 대기업, 금융권 등으로 진출을 하지만, 그 기회를 잡지 못한 90%의 청년들은 중소벤처기업으로 방향을 튼다. 하지만 이들에게도 남다른 재능, 성실하고 근면한 심성, 부지런하고 예의 바른 덕성, 다양한 체험을 통해서 얻은 감성과 재능이 있다. 회사에서 일하며 이런 청년들이 의외로 많다는 것을 알 수 있었다.

공부에 관심은 적었지만, 컴퓨터나 코딩에 천재적인 소질을 가진 직원, 책을 많이 읽어 다양한 아이디어를 제공하는 직원, 음악에 관심이 많고 악기를 잘 다루는 직원, 기계를 잘 다루어 남다른 것을 만들어내는 직원, 성격이 밝고 사교성이 좋은 직원, 누군가를 잘 이해시키는 설득력이 있는 직원 등, 다양한 능력을 지닌 직원들이 많다. 성적이 상위권이면 의대나 법대 등 정해진 목표를 향해 오직 공부만 하지만, 공부보다는 다른 진로를 고민하고 많은 것을 알아보면서 폭넓은 지식과 정보를 갖춘 경우도 다반사다. 공부가 아닌 다른 일에 몰입하여 학교 성적이 뛰어나지 않을 뿐 뛰어난 재능을 지닌 청년들은 주변에 너무도 흔하다.

다양한 청년들이 진입하는 중소벤처기업에서는 회사의 업종이나 업태에 적합하게 교육계획을 세워 직무교육, 실무교육, 직능교육을 해야 한다. 직원들을 키워야 한다. 하급 직원들은 단순 반복적인 일들이 많지만, 과장이나 팀장, 임원으로 직급이 올라가면 한 가지 일만 할 수는 없다. 다양한 업무를 잘 알고, 경험하여야만 회의를 통해서 중요한 의사결정에 참여할 수도 있고, 설득력을 발휘하여 목적하는 일을 해낼 수 있다.

이런 의미에서 직무교육, 직급교육, 관리자교육, 임원교육 등 사내외 교육프로그램들이 끝없이 가동되어야 한다. 가르치고 교육하는 시간을 업무적으로 낭비하는 시간이라고 생각한다든가, 할 일 없는 직원들이나 교육을 받는 것이라는 분위기가 팽배한 회사에서는 인재가 나올 수 없다. 직원들에게 가르침을 가장 많이 주는 사람은 팀장들인데, 팀장들은 자기의 팀 성과를 올리기 위해서 직원들에게 끊임없이 가르쳐야 한다. 상사보다 능력이 출중한 직원들을 키워가는 회사에는 밝은 미래가 있다. 조직 내에서 차세대 관리자들을 키워내고, 차세대 경영자들이 세워지는 그런 회사에 미래가 있고 그래야 사장이 행복하다.

지는 것도 경영이다

인간은 누구나 이기고 싶어 한다. 태어나면서부터 경쟁사회로 진입하는 인간은 힘으로든, 재력으로든, 무력이나 권력으로든 이기고 싶어 한다. 이런 투쟁의 역사가 인류 역사의 바탕을 이루고 질서를 유지해 왔다. 어느 집단이든 사람들이 살아가는 곳에는 조직 내의 질서를 유지하기 위한 지휘체계나 연공서열, 의사결정 단계가 있어 조직을 유기적으로 일사불란하게 움직이게 한다.

유아 시절을 보내고 초등학교에 입학하면서부터 공부한 결과를 평가하여 서열을 정한다. 1등은 이긴 사람이고, 꼴등은 진 사람이다. 미술대회, 체육대회, 음악경연 등에는 타고난 재능이나 연마한 재능을 겨루어 이긴 자와 진 자를 가린다. 조직에서 단합대회라고 하는 명목으로 이루어지는 운동경기나 게임은 승자와 패자를 가리는 과정이다. 요즘 TV나 유튜브 같은 매체를 통해 쏟아지는 수많은 체육이나 오락프로의 90% 이상이 이기고 지는 게임으로 구성되어 있다. 이기고 싶어 하는 인간의 본능을 자극하는 것이다.

회사라는 조직에서 일하는 과정과 의사결정을 하는 과정은 업무 관련 부서와 상하 간에 수많은 토론과 논쟁, 갈등의 여지가 존재한다. 논쟁이나 갈등이 큰 에너지로 작용하는 조직도 있지만, 에너지로 승화되지 못하고 분란과 파탄의 씨앗이 되는 경우가 더 많다. 관리자나 팀장, 임원, 경영진들은 갈등관리의 주체가 되어야 하고, 수많은 토론과 논쟁의 결과는 빅데이터로 쌓여서 자산이 되도록 노력해야 한다. 이런 노력이 없다면 에너지와 시간을 낭비하는 일이 되고 말며 그 조직의 미래는 불투명해진다.

아날로그 시대에서 디지털 시대로 전환되는 과정에 세대 간의 논쟁과 갈등 요인들은 점점 더 많아진다. 국민의 힘 당 대표로 선출된 이준석 대표는 36세다. 당내 중진들의 아들뻘 되는 사람이 당 대표가 되어 한국 정치사뿐만 아니라 세계 정치사에 괄목할만한 변화가 있을 것으로 기대하고 있지만, 우려하는 사람들이 더 많은 것이 현실이다. 아날로그 세대들과 디지털 세대인 밀레니엄 세대 간 생긴 예기치 못한 일이라서 향후 어떤 변화가 있을지 관심이 지대하다.

부모와 자식 간에도 이기고 지는 문제가 존재한다. 져주는 것이 이기는 것이라고 생각을 하고 마음을 정리하는 게 한국의 부모들이다. 회사에서도 사장과 임직원들 사이에 견해 차이로 인해, 경험의 과소로 인해, 학문적 지식의 유무에 따라, 현안에 대한 열정에 따라 견해차와 갈등이 생긴다. 이런 경우 사장이 이긴다. 권위와 파워 때문이다. 직원들의 의견이나 주장이 다소 못마땅해도, 바람직한 솔루션이 아니란 것을 알면서도 져주는 경영자는 행복하다. 성공하면 성공의 기쁨을, 실패하면 실패가 주는 값진 교훈을 양면적으로 잘 감당할 수 있는 넉넉한 마음을 가진 사장이 되는 것도 필요하다. 직원들을 상대로 매번 이기기보다 가끔은 알면서도 조금은 져주는 사장은 행복하다.

소통의 중요성과 현장 소통

부모들의 가장 큰 바람은 자녀들과 자주, 편하게 소통하는 것이다. 많은 부모가 미운 일곱 살 때, 사춘기인 중학교 때 자녀들과의 소통 문제로 맘고생을 많이 한다. SNS와 스마트폰 사용이 일반화되면서 물리적이고 인위적인 소통은 크게 좋아졌다고 하지만, 마음을 열고 진심을 나누는 소통은 아직도 부모와 자식 간에 크나큰 숙제가 아닐 수 없다. 교사와 학생 간의 소통, 대통령과 국민의 소통, 사장과 임직원들 간의 소통, 거래처나 바이어들과의 소통의 중요성은 아무리 강조해도 지나치지 않다.

문재인 대통령이 취임하면서 '국민과 소통을 잘하는 광화문 대통령이 되겠다'고 약속을 했다. 박근혜 대통령이 부족했던 점 중에 국민들이 가장 아쉬워했던 부분이 바로 국민과의 소통문제였다. 하지만 문재인 대통령도 약속을 지키지는 못했다. 그만큼 소통의 방식과 소통해야 할 내용, 그 결과의 예측과 결과 등을 관리하기가 힘들기 때문이다. 국회의원, 지방자치 단체장들, 회사 사장들의 소통은 책임진 조직의 성패를 좌우한다.

대기업의 인적 조직과 물적 조직, 경영판단과 경영활동의 조직은 복잡계다. 단순하지가 않다는 것이다. 이에 반해서 중소벤처기업의 경영활동 전반은 단순계라고 할 수 있다. 대기업은 대기업 형편에 맞는 소통방식을 선택한다. 주 단위 또는 월간이나 계간 단위로 소식지를 발행하거나 사내방송망 구축도 하고 가끔 직원들과 직접대화의 시간도 갖는다. 하지만 중소벤처기업에서는 조직의 규모나 효율성 측면에서 대기업과 같은 방식으로 소통할 수는 없다. 투자 대비 효과를 얻기 힘들기 때문이다. 따라서 대기업과는 다른 방식, 즉 회의나, 메일, SNS나 단체채팅방 등을 이용해 소통한다.

어떤 사장은 직원들을 개별적으로 불러 소통을 하거나 의사결정을 하고 친분도 유지한다. 어떤 사장은 개인적인 대면이 거북스러워 관계자 2~3명이 동행하도록 해 거북스러운 상황을 스스로 관리하기도 한다. 어떤 사장은 매일 아침 임원·본부장이 모이는 회의를 테마별로 하면서 회의를 소통의 툴로 활용한다. 회의에 참석하지 않는 임원·본부장들은 회사가 어떻게 돌아가는지 다른 라인을 통해 감지해야 한다.

중소벤처기업 사장들의 소통은 마음만 먹으면 형식이나 절차에 얽매이지 않고 자연스러운 모습으로 할 수 있는 위치에 있다. 38년간 중소벤처기업에서 몸담고 생활해 오며 내가 선택한 소통방식은 현장을 직접 방문하는 방식을 택했다. 현장에서 현물을 보고 현상을 파악해 해결하는 것이 가장 바람직한 관리방식이란 것을 깨달아 그렇게 한다. 현장에 가면 모든 것이 보인다. 직원들과 직접 만나는 시간도 가질 수 있고 문제를 바로 현장에서 해결하는 신속성과 민첩성도 발휘할 수 있다. 어떤 소통방식보다 효율적이다.

코로나 19 팬데믹 사태가 계속되면서 단체 조회나 대규모 회의 등과 같은 소통방식들은 줄었지만, 사장이 직접 현장을 방문해 소통하는 방식은 문제가 없다. 임직원들과 격식을 갖추지 않고 자연스레 만나는 소통, 그런 소통으로 문제를 풀어가는 사장은 행복하다.

성취가 주는 행복

중소벤처기업 사장들은 대부분 성취동기적 특성을 갖추고 있다. 성취동기(Achivement Motive)는 도전적이고 어려운 문제들을 해결함으로써 만족감을 얻으려는 욕구를 말한다. 좋은 성적을 받거나 좋은 대학에 입학하려는 학업성취 욕구, 노력해서 높은 지위에 오르거나 부자가 되려는 신분상승 욕구도 여기에 해당한다. 성취동기를 지닌 중소벤처기업 사장들은 과업 지향성, 모험 수용성, 정력적인 활동성, 자기 책임성, 결과 유용성, 미래 지향성 같은 성격이나 태도를 지니고 있다.

욕구라는 것은 살아 있는 유기체 안에서 생겨나는 결핍현상이나 과잉현상이 원인이 되어 일어나는 행동이나 잠재력을 말한다. 사람은 누구나 욕구의 단계의 단계가 있다고 다섯 단계로 나눈 매슬로의 욕구 단계설도 있고, 머레이 같은 학자는 28개의 욕구로 분류하면서 성취 욕구를 인간의 중요한 욕구로 해석했다. 사람은 누구나 성취 욕구를 지니고 있지만, 욕구 강도에 따라 성취의 정도도, 만족의 정도도 달라지는 것으로 해석하고 있는데, 중소벤처기업 사장들은 욕구의 강도는 누구보다 높다.

몇몇 회사에서 직원이나 임원으로 근무하면서 본 창업자, 2세 경영자들의 면면을 자세히 살펴보면 월급쟁이 직원들과는 확연히 다른 모습을 보게 된다. 여러 방면에 관심이 많다. 특히 새로운 사업과 연관되는 문제에 대해서는 집요하게 파고든다. 집착증세에 가깝다 할 정도로 관심 있는 일에 몰입한다. 무엇보다 숫자에 밝고 목표로 하는 수익률 기준에 미치지 못하는 사업은 아무리 보기 좋아도 과감하고 신속하게 포기한다. 모두 그런 것은 아니지만, 중소벤처기업 사장들은 비교적 많은 사람과 네트워크를 만들어 자주 만나고 어울리며 정보를 얻고, 함께 만들어 갈 사업이 있으면 긴밀하게 협력을 한다. 대학이나 단체에서는 여러 형태로 교류의 장을 만들어 제공하고 시너지를 내도록 돕는다.

중소벤처기업에서 가장 큰 성취를 이룩한 사장들은 코스닥 상장회사 사장들이다. 중소벤처기업부에서 관리하는 중소벤처기업과 소상공인, 자영업 수를 합하면 660만 개이고, 1,700만 명의 인구가 재직하는 것으로 파악되고 있다. 이 중 10인 이상 중소벤처기업은 67,000여 개이며, 200만 명의 인구가 재직한다. 이 중 1,500개 기업이 어려운 관문을 통과하여 상장기업의 명예를 얻었다. 10인 이상 중소벤처기업 중 2.23%에 불과한 1,500개의 기업만이 상장했으니 코스닥 상장을 이룬 사장들의 성취감과 자부심은 그만큼 크다. 1996년 문을 연 코스닥 시장이 25년의 역사를 갖고 많은 스타 기업을 배출시켰다.

코스닥 상장에 성공하여 성취의 행복과 보람을 만끽하는 행사가 '상장 선포식'이다. 거래소는 이 행사를 통해서 상장하는 회사 사장을 정중하게 모셔 품격을 높여준다. 거래소의 고객이 되는 일이기도 하지만 어려운 가운데 도전의식을 가지고 창업해서 국부를 창출하고, 고용을 늘리고, 세수를 만들어주는 귀빈이기 때문이다. 성취의 행복을 만들어 가는 중소벤처기업이 많아져야 경제도 살고 취업 문도 넓어진다. 행복한 중소기업 사장들이 많아지도록 하는 국가적, 국민적 노력이 필요한 때다.

경영자의 하모니

오래전 신한경제연구소에서 장수기업들을 연구하면서 역사상 가장 오랜 기간 세계패권을 쥐며'팍스로마나'를 이룬 로마의 힘은 어디서 나왔는지를 분석하여 연구보고서를 냈던 일이 있었다. 팍스로마나의 힘은 '다양성과 조화'로 결론을 내렸다. 여러 나라를 정복하면서 정치적 지배력을 확보했지만, 지배한 나라의 문화와 전통은 그대로 인정하는 다양성 정책과 다양한 문화가 잘 어울리도록 하는 하모니 정책이 팍스로마나의 힘이 되었다는 것이다. 다양성의 조화가 로마의 힘으로 표출된 것이다.

중소벤처기업에서 사장이나 임직원들이 접하는 업무의 다양성, 경험의 다양성은 오래 쌓이면 쌓일수록 큰 자산이 된다. 빅데이터가 쌓이면 큰 자산으로 활용되듯이 많은 경험, 다양한 경험도 기업의 자산이다. 성공 경험도 실패 경험도 자산이 된다. 중소기업 사장은 슈퍼맨이다. 창업 초기부터 A부터 Z까지 모든 일을 직접 감당해야 하는 위치이다. 즉 개발–구매–생산–마케팅–영업–서비스–인사·총무–재무회계–기획 등 모든 영역에 걸쳐 마지막 의사결정자가 되어야 하므로 경험의 다양성을 갖춰야 한다. 임직원들도 마찬가지다. 경험의 다양성을 가진 사장 밑에서 의사결정을 돕는 일을 하기 위해서는 사장과 호흡을 같이할 수 있어야 한다.

중소벤처기업 사장은 하모니를 만들어내는 오케스트라의 지휘자와 같다. 소프라노, 메조소프라노, 알토, 테너, 바리톤, 베이스까지 6개의 서로 다른 음역에서 나오는 목소리가 만들어내는 하모니, 수십 가지 악기들이 만들어내는 오케스트라 연주는 더할 나위 없는 예술의 영역이다. 중소벤처기업 사장은 회사 안팎의 경영적 요소들이 조화로우면서 잘 어우러지도록 관리하여 최상의 성과를 내야 한다.

직원 수가 많을수록, 사업 영역이 넓을수록, 매출규모가 클수록 더 높은 수준의 하모니를 만들어내는 능력이 필요하다. 어려움을 극복하고 만들어진 작품은 희열을 가져온다. 임직원들이 만들어내는 팀워크 하모니, 제품구성의 하모니, 대리점들과 협력하여 매출결실을 이루는 하모니, 임직원들과 만드는 기업문화의 하모니 등, 사장은 지휘자로서 멋진 하모니를 연출해야 한다.

동고동락의 기업문화

가수 노사연이 부른 '만남'이라는 노래를 참 좋아한다. 어떤 목사님은 이 노래를 찬송가로 불렀으면 좋겠다고 할 정도로 곡조와 가사가 좋다. 우리의 만남은 우연이 아니고 운명이란다. 돌아보지도 말고 후회하지도 말자고 한다. 우리는 태어나면서부터 수많은 만남을 체험한다. 부모·자식 간의 만남은 운명이다. 형제간 만남도 숙명이다. 중소벤처기업에서 일하면서 만나는 만남은 우연한 만남, 잘못된 만남, 어쩌다 만남, 어쩔 수 없이 싫어도 만남 등 다양한 만남이다.

우리 삶 속에서 만남에 대한 이야기보따리를 풀어 놓으면 수만 가지 만남이 있는 것을 보게 된다. 우리가 즐기는 영화나 드라마들의 주된 주제도 상당 부분 만남을 중심으로 한다. 좋은 만남이 파국이 되기도 한다. 불행 가운데 만난 운명적 만남이 행복한 결말로 끝나 박수를 받기도 한다. 영화나 드라마는 그런 과정들을 얼마나 공감이 가게 하는가, 심적 갈등을 얼마나 해소시켜 주는가, 관중이나 시청자들을 얼마나 공감하게 하는가? 등에 따라 성공 여부가 판가름난다.

중소벤처기업의 이야기를 영화나 드라마로 만들어 성공한 케이스도 많다. 중소벤처기업 내에서 이루어지는 일들 하나하나는 우리 일상의 모습이다. 애환이 담긴 일들을 보면 공감할 수밖에 없고, 그 속에서 만들어지는 희로애락에 빠져들곤 한다. 이런 작은 회사의 소소한 일상을 다루는 드라마에는 '동고동락'이라는 우리들의 참모습이 소상하게 다루어지기 때문에 더 친근하고 동질감을 느낀다. 중소벤처기업에서 고용주와 피고용주, 사용자와 근로자라는 이분법적 관계로 기업문화가 만들어지면 함께 만들어 가는 행복감을 얻기 어렵다. 'We are on the same boat'라는 공동운명체 정신으로 기업문화가 다듬어져야 강소기업, 명문장수기업을 만들어 갈 수 있다.

중소벤처기업의 사장이 마음을 열고 직원들을 동고동락하는 가족으로 여기는 기업문화를 만들어 간다면, 신입사원은 입사 후 30~40년 정년퇴직 때까지 평생을 한 직장에서 행복하게 일 할 수 있을 것이다. 내가 대표이사로 일했던 인터엠에는 30년 이상 계속 근무한 직원들이 많고, 정년이 되어 퇴직했음에도 임금피크제로 재계약을 해 계속 일하는 직원들이 여러 명 있었다. 급여와 처우만을 생각해 수없이 많은 직장을 옮겨 다니는 젊은 직원들, 이들을 바라보는 사장은 불안하다. 언제 또 떠날지 모르기 때문이다.

독일과 일본에서 기간산업을 든든하게 지켜주는 기업들은 분야별 최고 장수기업들이다. 특정 제품이나 특정 분야에서 100년 이상 최고의 기술과 품질을 지켜온 기업들이 많아 이들을 바탕으로 4차 산업혁명이 정착되어 가고 경제선진국의 면모를 과시하고 있다. 이 회사들의 내면에는 사장과 직원들의 동고동락이 주는 행복, 업계 최고라는 자부심, 힘들고 어려울 때 애사심이 더 큰 힘을 발휘하는 기업문화가 작동한다. 공생의 지혜를 바탕으로 두레 정신을 만든 우리 민족, 시대의 흐름에 너무 과민반응해서 쉽게 들어가서 쉽게 그만두고, 쉽게 고용해서 너무 쉽게 내치는 그런 고용풍토는 바뀌어야 한다.

성공 기업의 시작은 믿음에서

험난한 세상을 거칠게 살아가야 하는 우리들에게 믿음만큼 안정감을 가져다주는 건 없다. 5~6세 어린이가 공원에 놀러 갔다가 엄마 손을 놓치고 길을 잃어버리면 울고불고 난리가 난다. 하나 손을 놓쳤다고 할지라도 엄마가 보이는 거리에 있으면 마음 편하게 논다. 이 어린이에게 엄마가 옆에 있다는 믿음은 아무것도 무섭지 않게 한다. 겁날 것이 없고 무서울 것이 없다. 혹여 길을 잃어도 집 전화번호가 있고, 집으로 가는 교통편을 이용할 수 있다는 믿음만 있어도 어디든 다닐 수 있다는 자신감과 안정감을 느낀다.

나는 모태 신앙으로 어릴 때부터 감리교 교단의 교회에 다녔다. 어머니가 결혼하시기 전부터 신앙심이 깊었고, 아버지와 결혼하고 아버지도 신앙심을 품게 하셨다. 아버지도 20년 이상 교회를 다니며 장로님이 되셨고, 50대 초반에 나도 장로가 됐다. 60년이 넘는 세월 동안 교회에 다니면서 성경을 읽고, 수천 번의 설교 말씀도 듣고, 많은 신앙 서적을 보면서 신앙생활을 통해 얻을 것은 무엇인가 고민했다. '하나님이 나의 삶을 책임져 주신다는 믿음', 이것이 신앙생활을 하는 이유이자 목적임을 깨달았다. 어머니도, 아버지도 늘 그런 말씀을 우리에게 심어주셨고 그렇게 늘 기도하셨다. 힘들 때 누군가 내 삶을 책임져 줄 것이라는 믿음은 어둠 속의 빛과 같다.

인간이 만들어 온 수많은 역사적 변화는 믿음과 불신의 문제로 점철된다. 군주와 백성들 간에 올바른 믿음이 쌓이면 나라는 평화가 유지되고, 불신이 많이 쌓이면 반란이 일어나고 나라의 질서가 무너지면서 힘을 발휘하지 못하게 된다. 옆 나라와 믿음이 쌓이면 화친이 이루어지고 서로가 융성한 국가로 발전하지만, 불신들이 누적되면 전쟁이 일어나고 분쟁과 반목을 통해 두 국가 모두 쇠락의 길로 빠진다.

중소벤처기업이 생겨나고, 성장하고 발전하여 커가는 과정에도 믿음이 담보되어야 한다. 창업 멤버들 간의 확고한 믿음, 창업자금을 투자해 준 금융기관과의 믿음, 부품을 공급하는 협력 회사와의 믿음,

물건을 사가는 대리점이나 바이어와의 믿음, 무엇보다도 사원들이 갖는 회사에 대한 믿음이 바탕이 되어야 성공한 기업이 될 수 있다. 신용을 기업의 생명이라 했던 삼성그룹 창업자 이병철 회장이나 현대그룹 창업자 정주영 회장의 경영마인드는 예전이나 지금이나 모든 경영자에게 적용되는 덕목이다.

중소벤처기업은 10명~300명 규모의 인력이 모여 힘을 발휘하는 조직이다. 수천 명, 수만 명의 믿음을 끌어내는 것은 불가능에 가까운 일이다. 회사도 직원들도 상호 간에 믿음을 갖고 한 방향으로 나갈 길을 정하고 행복한 기업으로 이끌어 가는 데는 중소벤처기업이 좋은 규모다. 목사님들은 가장 행복한 신앙생활 할 수 있는 교회의 규모는 성도 300명 내외 교회라고 한다. 대형교회라고 행복한 신앙을 보장하지 못한다. 대기업, 공기업 부러워하지 말자. 사장과 직원들이 믿고 의지하며 행복한 회사를 만들자.

사장의 품격이 회사와 직원의 품격

'자리가 사람을 만든다'는 말이 있다. 중학교 다닐 때 한번은 담임 선생님께서 행동거지가 불량한 친구에게 반장을 시켰다. 반장이 되기 전에는 수업하는 태도도 나쁘고 불량기가 다분했던 친구인데, 반장을 맡아 반의 질서를 잡는 책임을 지니 아무렇게나 행동할 수 없는 처지가 되었고, 실제로도 모범적으로 행동하기 시작했다. 교회에 일정 기간을 다니면 집사, 권사, 장로 등 직분을 준다. 평신도일 때는 별반 책임감이나 교회생활에 필요한 의무감을 못 느끼다가도 직분을 받으면 책임감이나 의무감도 생기고 신앙심도 좋아지게 된다. 직분이 직분에 맞는 사람을 만드는 것이다.

홍콩지사에서 7년간 근무하는 동안 많은 거래처 사장들과 직원들을 만났다. 1990년대 초기라 홍콩과 중국의 경제는 나날이 성장했고, 더불어 기업들도 급성장했다. 급성장 과정에서 직원들이 계열사 사장으로 승진되거나 독립을 해서 회사를 설립하고 사장이 되는 경우가 많았다. 사람은 그대로인데 직원일 때의 모습과 사장이 된 다음 모습과 태도는 확연히 다르다. 명함에 새겨진 직함이 달라졌기 때문에 이름값을 해야만 한다는 생각을 하는 것이다. 시간이 지나면서 점점 품격도 달라진다.

중소벤처기업 사장은 이래저래 많은 사람을 만나는 위치에 있다. 파트너들을 만나야 하는 것은 물론 거래 은행이나 증권사 간부들과도 만나야 하고, 여러 협회나 단체에 가입하여 목소리도 내야 하고, 때가 되면 협회나 단체의 임원이나 단체장 역할도 해야 한다. 신년이 되면 신년사, 창립기념일이 되면 창립기념사, 대리점 세미나 같은 행사들이 있으면 개회사나 축사를 하는 등 사장으로의 역할을 해야 한다. 그러려면 품격을 유지하는 것이 필요하다. 사장의 품격이 회사의 품격이 되고 임직원의 자존심이 된다. 사장은 싫으나 좋으나 내적으로든 외적으로든 품격을 잘 유지해야 한다.

딸애가 태국에서 고등학교 다닐 때 일이다. 바쁘기 지내다 모처럼 시간적 여유가 있어 딸이 꿈꾸는 미래에 관해서 물어본 일 있다. '우아하고 품격이 있는 할머니가 되는 것이 꿈'이라는 말을 듣고 기분이 좋았다. 딸애는 '우아하고 품격이 있는 할머니'가 담고 있는 의미를 이야기했다. 공부도 열심히 해야 하고, 좋은 직업을 갖고 멋진 일을 하고 살아야 하며, 경제적으로도 어렵지 않아야 하고, 국가와 사회적으로도 기여할 수 있어야 한다는 의미가 있단다. 선생님에게 배운 지식을 바탕으로 세운 딸의 꿈을 지금도 따스한 마음으로 응원한다.

도전정신을 가지고 창업을 하고, 힘들고 어려운 과정을 잘 이겨내고, 나름의 철학을 갖고 소신껏 경영하는 내 회사를 가진 중소벤처기업 사장은 우리 시대의 영웅이다. 매출을 늘려 국부와 고용을 창출하고, 국가운영의 기본이 되는 세금을 부담하고, 미래의 꿈을 살려가는 위대한 일을 하는 그 자체가 품격이고 행복이며 축복받을 일이다. 품격 있는 회사 사장이 경영하는 품격 있는 회사는 분명히 행복한 회사다.

회사의 미래를 바꾸는 균형 감각

언제부턴가 언론에서 '기울어진 운동장'이란 말이 자주 쓰이고 있다. 여야가 공정하고 공평한 조건으로 경쟁하고 협력해야만 하는데 정부도, 법원도, 국회도, 언론도, 시민단체들도 특정 정파에 치우친 정치 상황을 빗댄 말이다. 대통령은 '기회는 평등하고 과정은 공정하며 결과는 정의로울 것'이라 약속했지만 지키지 못했다. 공정과 상식을 브랜드로 정치권에 진입한 전임 검찰총장도, 공정한 경쟁을 앞세워 청년 돌풍을 주도하고 있는 36세 야당 대표도 공정을 강조하는 이유다.

불교사상의 핵심인 중도는 치우치지 않는 진실한 도리를 말하고, 유교사상 중심이 되는 중용은 극단을 배제한 중간의 도리를 말하며, 성경에서도 좌나 우로 치우치지 않는 온전한 마음을 가지라고 권면하고 있다. 하나같이 균형 감각을 유지하며 치우치지 않기를 권한다. 현 정부가 들어서서 국민들의 마음을 불편하게 했던 것 중 하나가 공정의 상실이다. 공정을 중요한 핵심가치로 삼았던 정부인데, 조국 사태가 생기면서 중심을 잃었다. 잃어버린 공정의 가치를 세워보겠다고 대권에 도전하는 전 총장과 정권이 반드시 교체되어야 한다는 신임 야당 대표의 호소가 국민적 지지를 얻는 이유는 균형의 회복이다.

회사 경영에서도 균형 감각은 매우 소중하다. 사업을 하면서 능력 범위를 넘어서는 과욕을 부리는 것도, 다른 회사에서 대박 났다고 해서 무조건 뛰어드는 것도, 핵심사업에 집중하지 않고 부동산투자 등 쉽게 돈 버는 일에 몰입하는 것도, 앞을 내다보지 못하고 현실에 안주하는 것도, 지나치게 인색하거나 호기를 부리는 것도 모두 균형 감각 상실이다. 균형 감각을 잃어 현실과 미래에 대해 올바른 진단과 처방을 하지 못하면 성공하는 기업이 될 수 없다. 내수시장만 바라보고 해외시장을 소홀히 하는 것도, 대량생산제품만 바라보고 다품종 소품은 무시하는 것도, OEM, ODM 거래에만 집중해서 자가 브랜드가 전무한 것도 균형을 잃은 경영이다.

중소벤처기업에서 확고한 균형 감각을 가져야 할 사람은 사장이다. 균형을 잃은 배가 위험하듯 사장이 중심을 잡지 못하는 회사는 작은 충격에도 흔들린다. 의사결정을 하는 회의에서 사장이 이랬다저랬다 변덕스러우면 임직원들은 좋은 의견이 있어도 입을 다물고 의견을 개진하지 않는다. 인사나 조직관리에서도 균형을 잡지 못하면 아부하는 사람들이 늘어나고 애사심을 가졌던 진실하고 성실한 직원들은 떠난다. 부품이나 장비를 공급받는 파트너, 제품을 사 가는 대리점이나 바이어를 관리하는 데도 공정성을 잃고 균형 감각이 유지되지 못하면 거래질서는 하루아침에 무너진다.

사장이 균형 감각을 잃지 않겠다고 다짐하는 순간 모든 일은 순조롭게 풀려간다. 회사가 관리하는 모든 일은 공정하게 관리해야 한다는 기업문화가 뿌리내리면 편법, 탈법, 불법, 불공정한 일들이 생기는 문화는 사라진다. 인사평가, 거래처나 대리점 평가, 부서의 실적 평가 등 평가를 해서 상벌을 내리는 일에는 균형 감각이 더욱 중요하다. 편법은 또 다른 편법을 만들고, 이것이 반복되면 조직이 부패하고 신뢰를 상실한다. 균형 감각을 잘 가진 사장은 행복하다. 모든 일에 거리낌이 없이 떳떳하기 때문이다.

행복경영은 마음의 여유부터

나는 합창을 참 좋아한다. 40년 이상을 합창단에 몸담았다. 서로 다른 목소리가 어우러져 하모니를 이룬 합창단, 이 매력을 알면 푹 빠진다. 어린 시절부터 교회를 다녀 노래하는 것에 익숙한 편이고, 성가대 활동을 오래 하면서 합창의 매력과 이것이 주는 행복을 누렸다. '인켈 회사합창단', '관악 구립아버지합창단', 'G하모니 CEO합창단'에서도 활동했고, 지금도 '감리교 남선교회연합회 장로합창단'으로 활동한다.

CEO합창단 활동으로 많은 보람을 느끼다 잠시 중단했는데 다시 참여할 예정이다. 가산디지털단지에서 6~7년간 일을 했었다. 이곳에는 중소벤처기업 CEO들로 구성된 'G하모니 CEO합창단'이 있어서 이 합창단에서 단원으로 활동했다. 금천구 문화센터에서 연습장소를 제공해주고 매주 목요일 점심시간을 할애해 연습하고 봄가을 정기공연, 정부나 서울시 또는 청와대 기업인 관련 초청공연, 한일 CEO합창단 협연, UN합창단과 협연 등을 통해 흥미뿐만 아니라 의미도 있는 일들에 참여했었다.

벤처중소기업 CEO들이 치열한 경쟁 속에서 바쁘게 일하면서도 마음에 여유를 가지고 노래 연습에 참여하고, 의미 있는 활동을 하며 다양한 업종에 종사하는 CEO들과 교류하는 것은 참 행복한 모습이다. 이런 행복한 활동으로 더 큰 에너지를 충전하게 된다. G하모니 CEO합창단 지휘자는 서울시 여성CEO합창단 지휘도 겸해서 가끔 남녀 CEO합창단이 함께 협연하기도 했다. 회사에서 CEO로 일하며 합창 지휘자의 마음으로 부서 간에, 직원들 간에 하모니를 맞춰 일하도록 권면하면 멋진 CEO가 틀림없다.

CEO합창단에 참가하는 남녀 CEO들은 비슷한 공통점이 있다. 바로 심리적으로 여유가 있다는 점이다. 각자의 회사 규모도 다르고 형편도 다르지만 노래할 만한 마음의 여유와 품격을 갖추고 있는 것이다. 이미 안정된 회사 경영을 하는 분들도 있지만 힘들고 어려운 상황에서도 마음의 여유를 가지려는 분도 있다. 또 음역이 다른 4개

파트로 나눠 연습하면서 파트마다 같은 목소리를 내는 연습과 4개 파트가 모여 하모니를 이루는 연습, 강하고 약함, 빠르고 느림, 감정을 잘 실어 표현해야 하는 기교까지 합창단 연습과 공연에서 얻는 감성은 CEO들에게 잘 맞는 감성이다.

중소벤처기업 CEO들은 경영이 어느 정도 안정되고, 크게 관여를 하지 않아도 조직이 잘 운영되는 단계가 오면 더 다양한 지식을 위해서, 경영에 필요한 정보와 인적 네트워크를 넓히기 위해 각 대학이나 정부에서 운영하는 싱크 탱크 기관에 개설된 최고경영자과정에 참여하는 여유를 가져야 한다. G밸리(가산, 금천, 구로 디지털단지)에는 'G밸리 최고경영자과정'을 개설하여 수백 명의 CEO가 한 커뮤니티로 끈끈한 관계를 맺고 있다. 중소벤처기업 지혜로운 CEO들은 남다른 여유로움으로 행복한 경영을 할 수 있다.

강점을 극대화하는 스마트한 경영

의인불용 용인불의(疑人不用 用人不疑), 중국 송사에 나오는 말이다. 의심이 가는 사람은 쓰지 말고, 이미 쓰고 있는 사람은 의심하지 말라는 용인술에 관한 말이다. 백범 김구 선생도 사람은 대하는 좌우명으로 삼았고, 고인이 된 삼성그룹 이병철 회장도 이 말을 인재를 뽑고 관리하는 데 중요한 기준으로 삼았다는 건 우명한 일화다. 이런 용인술이 회사 내에 정착되려면 사원을 채용하는 과정에서 사람을 보는 견인력이 길러져야 하고, 잘 걸러내는 양인력, 잘 활용하는 용인력이 제도로, 문화로 잘 정착되어야 한다.

중소벤처기업은 심플하고 스마트한 조직이다. 복잡하지 않은 단순계다. 대기업은 조직이 방대하고 기업경영 시스템도 복잡해서 조직 자체를 관리하는 경영적인 노하우와 시스템을 도입해야 하고, 교육하고 운영도 해야 한다. 그야말로 복잡계다. 대기업에서 일하는 임직원들은 복잡계 안에서 특정한 부분에 전문가(Specialist)가 돼야 제 역할을 감당할 수 있지만, 중소벤처기업에서 일하는 임직원들은 단순계 안에서 회사의 모든 일을 다 같이 공유하며 풀어가는 다능 관리자(Generalist)가 되어야 효과적이다. 대기업에서 요구하는 인적 능력과 중소벤처기업에서 요구하는 인적 능력은 차이가 있다.

중소벤처기업이 규모가 커지면 더 큰 미래를 위해서 대기업 출신 임원들을 임원급으로 초빙하는 경우가 많다. 하지만 대기업에서 성공한 임원이 중소기업에 와서도 성공적으로 일을 해내는 경우는 흔치 않다. 대기업에서 일하는 문화와 중소벤처기업에서 일하는 문화에 상당한 괴리가 있기 때문이다. 복잡계에 익숙한 사람이 단순계에 와서 행하는 경영적 Skill은 달라야 하는데, 이것이 그리 쉬운 일은 아니다. 인켈에서도, 인켈 자회사로 시작한 인터엠에서도 대기업 출신 임원들이 꽤 여러 명 초빙되었지만 오래 근무하지 못하고 기대했던 실적을 내는 것도 성공적이지 못했다.

중소벤처기업에서 의사결정 구조나 과정은 단순 명료하고 사장의 영향력이 대단히 크다. 시스템에 의한 의사결정이 아니라 사장의 경영

철학이나 일하는 스타일, 임직원들과의 관계나 신뢰의 정도에 따라 많이 다르다. 사장이 임직원들을 믿고 맡길 만한 조직이라면 스마트한 의사결정 구조를 갖는 행복을 기대하지만, 믿고 맡길 만한 임직원이 없을 때는 모든 일의 결정은 사장이 독단으로 하는 조직이 되고, 직원들은 사장 지시가 없이는 능동적으로 움직이지 않는 지극히 수동적인 조직문화가 형성된다.

중소벤처기업은 유연하고 탄력적이며 스마트한 조직으로 경영 효율성을 극대화할 수 있는데 그 바탕에는 믿을 만한 임직원들이 같이 일한다는 사장의 자신감이 필요하다. 사장이나 임직원들의 부정이나 잘못으로 회사가 망할 위기가 오는 경우도 비일비재하다. 그만큼 사장이나 임직원들의 윤리 도덕적인 경영마인드가 중소벤처기업에 더 중요하다. 또한, 중소벤처기업 사장은 복잡한 것을 단순화하여 쉽고 빠르게 판단하고 해결해가는 스마트한 능력이 있어야 한다. 단순한 것도 복잡하게 만들어 일을 키우는 사장이나 임직원들이 있으면 언젠가는 위험한 나락으로 빠지고 만다는 것을 명심해야 한다.

배려가 성장이다

사랑은 오랜 인류의 역사에서 가장 소중한 가치로 인식되어왔다. 기독교 근본 덕목은 사랑이고, 불교의 덕목은 자비이며, 유교의 최고 덕목은 인(仁)이다. 많은 철학자는 예수의 사랑, 부처의 자비, 공자의 인을 유사한 덕목으로 보고 있다. 배려란 어떤 의미를 담고 있나? '도와주거나 보살펴 주려고 마음을 씀'이란 뜻이다. 배려는 사랑과 자비와 인의 의미를 담은 좋은 말임이 틀림없다.

중소벤처기업에서는 하루에도 수많은 일이 일어나고, 여러 형태의 거래가 이루어지고 시간마다 회의하고, 검토하고, 판단하고, 결정을 내려야 하는 일들로 분주하다. 사장과 직원들 간에, 회사와 거래처 간에, 부서와 부서 간에, 직원들 서로 간에, 이해관계 속에서 협력과 갈등이 반복되면서 수많은 일이 생겨나고 풀어가야 한다. 협력이 잘 되면 하루 걸릴 일이 1시간 만에 끝나기도 한다. 갈등이 생기면 1시간 안에 끝날 일이 하루, 일주일, 한 달 이상 걸릴 수도 있다.

38세 젊은 나이부터 지사장, 법인장, 임원, 본부장을 맡았고, 상장회사 대표이사까지 맡아 감당하면서, 도와주거나 보살펴 주는 배려라는 마음 씀씀이가 조직의 효율성이나 생산성을 극대화하는데 얼마나 중요한 요인인지 알게 되었다. 인터엠 대표이사를 하는 동안 대회의실 벽에 이런 글을 게시해 놓았다. '내가 하는 일을 상대방이 알게 하고, 상대방이 하는 일을 내가 이해하도록 노력하자.' 회사 일은 혼자 하는 것이 아니다. A부터 Z까지 차례대로 해야 할 많은 일이 어느 단계에서 걸림돌이 생겨 막히거나 문제가 발생하면 회사 전체의 문제로 비화한다. 융복합 제품을 개발·생산해서 판매하는 인터엠과 같은 ICT 회사에서는 더더욱 협업이 중요하므로 상대방에 대한 이해와 배려가 중요하다.

직원들이 모이기만 하면 사장의 욕을 하는 회사가 있다. 직원들이 사장에게 불만을 품고 있거나 욕하는 주된 요인은 '배려심 부족'이다. 사장이 입만 열면 화를 내고 호통치는 회사도 있다. 역시 주 요인은 임직원에 대한 이해심과 배려심 부족 때문이다. 마음속으로 서로 손가락질하며 갖는 불만이다. '내 마음, 내 뜻, 내 심정, 내 입장,

내 처지 몰라? 내가 뭔 말 하는지 모른단 말이야?' 이쯤 되면 사장도 직원도 회사생활 하루하루가 지옥이다.

배려심이 넉넉한 열린 마음을 가진 사장은 행복하다. 사장이기 때문에 가능하다. 직원들의 이야기에 귀 기울여 들어주는 일, 하는 일들에 관심을 두고 힘든 과정은 발 벗고 먼저 풀어주는 일, 부서 간 개인 간 갈등이 있으면 잘 조율해 해결해 주는 일, 사기가 저하되면 따듯이 격려하는 일, 경영성과가 좋으면 직원들과 나누는 일, 공은 부하에게 과는 자기 책임으로 감당하는 일, 행복한 회사엔 이런 넉넉한 배려가 있다. 이런 회사에 노사분규가 있을 리 없다. 이익이 안 날 수 없다. 장수하는 회사가 된다. 사장은 직원들 배려하고, 직원들은 사장을 배려하는 중소벤처기업은 행복한 회사다.

오래 일하는 행복

누구나 건강이 허락하는 한 오래 일하고 싶어 한다. 또 오래 일을 해야 건강을 잘 유지할 수 있다는 것은 의학전문가들의 공통된 견해다. 100세 시대가 올 것이라는 전망을 하던 때가 30년 전 이야기인데, 벌써 와 버렸다. 2007년 우리나라 100세 이상 인구는 1,764명이었다. 2018년 통계청 보고서는 2020년도 100세 이상 인구를 10,805명 정도로 추정했으나 실제는 20,300명을 넘어섰다. 2050년에는 5만 명 수준으로 추정하고 있으나 이 또한 15만 명 수준을 넘길 것으로 전망하고 있다.

7080 세대가 대거 은퇴대열에 합류하고 있다. 나도 그 세대요, 주변 선배들, 친구들, 후배들이 현역에서 물러나고 있다. 공무원으로, 교

사나 교수로, 금융권과 대기업 간부나 임원으로, 공기업 고위직으로 일하다가 퇴직하는 사람들이 쏟아져 나오고 있다. 이들의 가장 큰 고민거리는 아침에 일어나 갈 곳이 없다는 것이다. 모아 놓은 재산도 좀 있고, 작지만 매월 연금도 받고, 어렵게 마련한 아파트도 하나 있어 노후 걱정은 없다. 하지만 아직도 건강하고, 능력도 있는데 할 만한 일이 없다는 거다. 아침에 일어나도 갈 곳이 없다는 막막함은 퇴직한 이들 모두가 경험하는 현실적인 문제다.

잡지사 사진작가로 정년퇴직한 교회 성도 한 분은 개인택시를 영업한다. 보험사 지점장을 하다 50대 초반에 희망퇴직을 한 대학 친구는 개인택시 경력 10년 차다. 강남에 꼬마 빌딩을 상속받아 임대업을 하는 대학 친구도 얼마 전 재인택시를 시작했다. 반도체 장비를 생산하는 상장 벤처기업에서 부사장까지 지낸 고등학교 친구는 탑차를 사서 식품을 배달하는 일을 하고 있다. 퇴직 후 공인중개사로, 주택관리사로, 전기기술자로, 용역회사의 경비나 청소요원으로, 치킨집이나 식당 등 자영업자로 변신하고 있다. 체면과 자존심을 내려놓고, 건강이 허락하고, 작지만 투자할 여력이 있어야만 이런 일도 가능하나 이마저도 못해서 무료하게 시간을 보내는 사람들이 너무도 많다.

젊은 시절에 넥타이 매고 사무직이나 관리직으로 편안하게 살아온 월급쟁이 중장년들은 직면한 '100세 시대 장수 Risk'를 극복할 돌파구를 찾아야 한다. 돈도 벌어야 하지만 무료한 시간을 보람있게 보낼 기회를 만들어야 한다. 앞으로도 20~30년을 더 살아야 한다. 자식들에게 짐이 되어서는 안 된다는 부담감도 극복해야 한다.

젊은 시절 고생을 감수하며 중소벤처기업, 소기업, 자영업을 잘 일구어 온 중장년세대들의 안정된 모습이 보기 좋다. 농촌에서 물려받은 땅으로 농사를 지으며 수익을 내고 땅의 가치도 점점 올리는 고향 친구들의 마음 넉넉한 모습도 보기가 좋다. 소규모 기업이지만 내 것을 잘 만들어 오래 일할 수 있는 중소벤처기업 사장, 소기업 사장들은 노년의 모습은 평안하고 행복하다. 오래 일하는 행복을 가진 것이다.

꿈을 주는 행복

중소벤처기업 사장에게 가장 보람되고 행복한 일은 무엇일까? 기업 경영자들은 이루고 싶은 일들, 해야 할 일들, 꿈꾸는 일들을 사훈이나 미션으로 담아 임직원들과 결의하고, 다짐하고, 이루려는 노력을 끊임없이 기울인다. 가장 근원적인 욕구는 돈을 버는 일, 고상하게 말하면 수익을 창출하는 일이지만 이런 원초적인 목적을 달성하는 것만으로 만족을 얻고 행복해지지 않는다.

38년 동안 중소벤처기업에서 직원으로, 임원으로, 상장회사 CEO로 일하면서 사장에게 가장 필요한 마음가짐은 무엇일까? 많은 생각을 했다. 도전정신과 진취적인 마인드, 사업적 수완, 앞을 내다보는 통찰력, 힘든 시절을 이기는 인내력, 설득력, 포용력 등등 CEO가 가져야 할 자질이나 마음가짐은 수없이 많지만, 무엇보다 '꿈을 주는 행복'을 경험하고 그 가치를 알고 실현하는 사장이 가장 행복한 사장이라고 생각한다.

스승은 제자들에게, 종교지도자는 성도들에게, 대통령은 국민들에게 꿈을 줘야 한다. 중소벤처기업 사장들은 누구에게 꿈을 주어야 하나? 주주들에게 꿈을 주어야 한다. 기업경영의 뿌리가 되어 주주들에게 보답해야 한다. 주주들은 회사에 투자를 해주고 이익을 많이 내서 배당해 주길 인내하며 기다린다. 경영자는 최소한 은행금리 이상으로 수익이 보장되도록 매년 배당하는 꿈을 줘야 한다.

파트너들에게 꿈을 주어야 한다. 부품이나 설비를 공급하는 파트너 회사들은 회사 매출이 늘어나면서 공급하는 부품도 생산에 필요한 설비도 계속 주문이 늘어나는 꿈을 꾸며 희망을 품는다. 이런 파트너들은 회사의 흥망에 따라 자신들 사업의 흥망성쇠도 좌우된다. 파트너들에게 희망이 되고 꿈을 꾸도록 만들어주는 회사 사장은 행복하다.

바이어나 대리점 같은 파트너들에게도 꿈을 심어주어야 한다. 제품이나 용역, 서비스를 구매해 가는 바이어나 대리점들은 선택의 여지가 많다. 상거래에서 사 가는 사람은 언제나 갑이고 왕이다. 여기 아니면 다른 곳에 가서 더 좋은 거래도 할 수 있다. 이 파트너들이 품질 좋은 최신의 제품을, 최상의 가격으로 끊임없이 공급받아 자기 사업을 확장할 수 있을 것이라는 꿈을 심어주어야 한다.

무엇보다도 가장 중요한 것은 임직원들에게 꿈을 심어주는 일이다. 회사를 믿고 열심히 일하면 성과에 따른 정당한 보상을 받을 수 있고, 회사가 성장하면 개인도 같이 성장할 수 있다는 꿈, 회사에서 일하면서 많은 것을 배우고 정년퇴직을 할 때까지 안정적으로 일 할 수 있고, 생의 목표를 달성할 수 있다는 꿈을 심어줘야 한다. 임직원들은 회사에서 일하는 보람과 성취감을 맛볼 수 있어야 한다. 이렇듯 이해관계자들에게 꿈을 심어주는 사장은 누구보다 행복하고 존경의 대상이다.

Part 4

회사와 함께
크는 행복

꿈을 이루는 행복한 사원

직장인들은 하루 8시간 이상을 직장에서 보낸다. 잠자는 시간 8시간을 제외하면 가장 많은 시간, 일상의 대부분을 회사에서 보낸다. 이 시간을 어떻게 보내느냐에 따라서 성공과 실패, 행운과 불행의 방향이 결정되기도 한다. 무엇을 위해서 열심히 일하는가? 무엇을 위해 힘들고 어려운 시간을 참고 인내하는가? 이런 물음을 가져보면 결국은 행복해지기 위해서 일하고 인내한다는 게 결론이다. 평범하게 살아가는 범인들이 원하는 것은 그 이상도 이하도 아니다. 결국, 인생은 행복을 찾는 거다.

맥슨전자 태국법인장으로 일하면서 태국 사람들과 태국 직원들을 보고 많은 걸 느꼈다. 태국 사람들 일상에서 서두르고, 긴장하고, 힘들게 경쟁하는 모습을 찾기 어려웠다. 아침에 공장으로 출근하는 1,400명의 직원 면면은 그저 오늘 하루 열심히 일하고 퇴근하면 집에서 편히 쉴 수 있고, 한 달 성실하게 일하면 월급이 나오고, 있으면 쓰고 없으면 안 쓰고 살지 하는 욕심을 내려놓은 모습이었다. 불교국가의 국민이 보여주는 해탈한 것 같은 모습이었다. 입은 옷, 신은 신발, 거주하는 집, 타는 자전거, 오토바이가 초라해 보여도 태국 사람들의 살아가는 모습은 욕심 없는 평안한 모습이다. 작은 행복을 꿈꾸고 소소하지만, 그것을 일상생활 속에서 즐기는 모습들이다.

꿈을 갖고 그 꿈을 이루려는 노력은 아름답다. 하지만 이룰 수 없는 허망한 꿈을 꾸며 자기 자신을 자학하며 사는 것은 큰 불행이다. 이룰 수 있는 작은 꿈부터 하나하나 이루어 가면서 조금씩 꿈의 높이를 키워가는 일, 그런 작은 성취감을 쌓아가면서 만들어 가는 행복이 진정한 행복이다. 높이뛰기 선수들, 멀리뛰기 선수들, 역도 선수들은 처음부터 멀리 뛰고, 높이 뛰고 무거운 것을 들 수 있는 것이 아니다. 하나하나 차근차근 도전하고 성공하는 반복적인 노력을 통하여 목표로 하는 곳까지 다다르는 것이다.

우리나라 인구의 90%가, 사회로 진출하는 젊은이들의 90%가 몸담고 일하는 곳이 바로 중소벤처기업과 소기업들이다. 이곳에 몸담아

작지만 꿈을 꾸고 꿈을 이뤄가는 노력은 크게 박수받을 일이어야 하고, 경영자들은 텃밭을 만들어주고, 임직원들을 그 텃밭을 열심히 일구어 풍성한 열매를 맺고 함께 나누는 행복한 회사를 만들어 가야 한다. 공무원, 공기업, 대기업에서만 큰 꿈을 꿀 수 있고, 더 많은 기회를 만날 수 있다는 국가적, 국민적, 사회적 인식의 변화가 있어야 우리가 직면한 경제 활성화 문제, 청년 고용 문제, 밝은 미래를 만드는 문제를 풀어갈 수 있을 것이다.

수없이 많은 중소벤처기업 지원정책, 활성화 제도, 청년 고용 활성화 방안이 있어도 우리 국민의 밑바닥에 깔린 중소벤처기업에 대한 저평가적 인식이 변화되지 않으면 큰 변화의 물줄기를 잡기 어렵다. 중소벤처기업에서 일하는, 일해야 하는 90%의 소중한 잠재적 능력자들이 열정을 가지고 꿈을 꾸며 이루어 가는 행복한 회사가 많았으면 좋겠다.

열정은 성과,
성과는 행복

누구나 하고 싶은 일을 하며 산다는 건 큰 행복이다. '평안 감사도 저 싫으면 그만이다'라는 옛말은 맞는 이야기다. 의과대학을 나와서 의학전문기자로 일하는 사람도 있고, 치과의사이면서 정치를 하는 사람도 있다. 공학을 전공했지만 마케팅을 잘하는 사람도 있고, 인문학을 전공했지만 프로그램 만드는 일이 재미있어 프로그래머로 일하는 사람도 많다. 이처럼 전공과는 다른 길을 가면서 열정을 품고 성공하는 사람들이 의외로 많다.

자기 분야에서 성공을 거두며 행복하게 일하는 사람들의 특징이 있다. 하는 일에서 흥미, 재미, 의미를 찾은 사람들이다. 이런 사람은 열정을 가지고 힘들지 않게 일한다. 하지만 자기가 하는 일에 의미도, 흥미도, 재미도 없으면 힘들고 괴롭고 성과도 낮다. 임직원들이 열정을 갖고 일 할 수 있는 여건을 만들어 줘야 하는 것은 회사 책임이다. 그러나 직원들 자신도 자신 있는 일에 몰입해 좋은 성과를 낼 수 있도록 회사에 제안하고, 시도도 하고, 도전해 보는 열정이 필요하다. 흥미, 재미, 의미도 없는 일을 맡아서 억지로 성과도 없이 하는 일은 회사도, 개인도 손해다.

디앤티 대전 본사에 근무할 때의 일이다. 경상북도 영덕에 있는 공고를 졸업하고 연구소에 근무하는 A 차장은 S/W로 하는 일에 개인적으로 흥미, 재미, 의미가 있어서 큰 열정을 가지고 몰입했다. 대기업 생산부서에 취업하여 수리기사로 일했는데, 전자제품을 구동하는 알고리즘을 S/W로 만드는 일에 흥미를 갖고 몰입하기 시작했다. A는 일과 후에도 늦게까지 남아 S/W 관련된 일들을 독학으로 공부하며 남들이 해결하지 못하는 것들을 하나씩 풀어가기 시작했고, 2~3년이 지나서는 연구소 경력자들도 풀지 못하는 난제들을 해결했다. 이런 일들이 반복되면서 회사에서 A의 남다른 실력을 인정해 연구소 연구원으로 일하도록 전환배치 했다. 후에 디앤티 대전 본사가 창업할 때는 이 A 차장이 꼭 필요해서 좋은 조건으로 데려왔다. A는 창업 멤버 중의 한 사람으로 남다른 처우를 받았고 승진과 보상도 대학, 대학원 출신 이상으로 혜택을 누렸다. 열정이 만든 좋은 결과다.

일에 대한 열정이 몰입을 부르고, 몰입은 비범한 능력을 발휘하도록 만든다. 하는 일에 흥미와 재미, 의미를 느낀다면 더 큰 많은 성과를 이루어 낼 수 있다. 근래 〈순서파괴(Working Backwards)〉라는 책이 소개되었다. 아마존이 일하는 방식을 소개한 이 책을 읽으면서 내가 평소에 일하는 방식과 유사한 점이 많아 꽤 흥미로웠다. 나는 어떤 일을 할 때 먼저 기대되는 결과를 설정해 놓고, 그 결과를 만들어 내기 위한 전 단계에는 무슨 일을 해야 할지, 전전 단계에는 어떤 일을 해야 할지를 역으로 추진하는 방식을 통해 좋은 성과를 낸 경험이 많았다. 좋은 성과를 내는 과업들이 늘어나면 열정이 더해지고, 그다음 더 큰 과제에서도 더 큰 열정을 갖게 된다. 열정은 또 다른 열정을 만들고, 열정이 만들어내는 성과는 우리를 행복하게 한다.

성공은 도전에서 나온다

도전의 뜻은 정면으로 맞서 대응하는 것이란 의미다. 조직에서는 힘들고 어려운 일이나 신규사업을 과감하게 시도해 본다는 뜻도 있다. 벤처기업의 뜻은 '위험을 감수하면서 성공을 향해 매진하는 기업'이라는 의미이고 통상적으로 '첨단의 신기술과 아이디어를 개발하여 사업에 도전하는 기술집약형 중소기업'이라 정의한다. 이런 의미에서 도전이라는 말은 중소벤처기업에서 가장 적합한 단어라고 할 수 있고, 여기에 소속된 사원들이 일하면서 가져야 할 중요한 덕목이라 할 수도 있다.

2021년 5월 기준으로 코스닥 시장에 상장된 기업은 1,500여 개로

집계되었다. 많은 기업이 자금조달을 목적으로 코스닥상장을 추진하지만, 코스닥에 상장했다가 퇴출당하는 기업들도 점점 많아진다. 코스닥 상장기업들의 면면을 보면 여러 가지다. 대기업 의존형 기업들은 대기업에 제품이나 용역을 제공하면서 커온 회사들이다. 대기업과 경쟁하는 유형의 기업들은 후발 주자를 자처하며 대기업 틈새시장을 파고든다. 대기업과는 상관없이 독자적인 영역에서 남다른 제품과 기술로 커가는 기업들도 있다. 한 가지 공통점은 이들 대부분 '위험을 감수하고 도전해서 성공했다'는 점이다. 도전 없이 성공은 없다. 코스닥 시장엔 도전으로 이룬 행복들이 넘쳐나는 곳이다.

회사 일을 하면서 새롭게 도전을 하지 않으면 변화나 변신을 만들어갈 수 없다. 80년대 후반 인켈에서 인사과장으로 1년 가까이 책임을 맡은 때가 있다. 지금 상황도 마찬가지지만 그 당시 회사마다 연월차 수당이 현금으로 지급되는 문제가 고민거리였던 때이다. 회사는 연월차 휴가를 강력하게 권유하지만, 직원들은 이래저래 눈치를 보면서 휴가를 가지 못한다. 직원들에게 휴가를 권유하는 팀장급 간부들도 임원이나 본부장들 눈치를 보면서 휴가를 못 가기는 마찬가지다. 직원들은 13월의 월급이라 생각하며 좋게 넘기지만 이렇게 쌓인 연월차 수당은 회사에 큰 부담이다.

인사과장으로 일하기 시작하면서 가장 먼저 받은 과제가 연월차 수

당을 과감하게 줄일 방안을 찾는 일이었다. 여러 날 고민 끝에 혁신안을 만들어 과감한 도전을 하기로 했다. 혁신적인 안은 '독서휴가 의무화'라는 새로운 제도의 시행이며 도전이었다. 직원들에게 회사에서 몇 권의 권장도서를 사주고 의무적으로 상하반기 2주 이상 휴가를 보내주며 독후감을 제출하는 제도다. 이 혁신 안을 만들고 도전했는데 성공적이었다. 이 혁신안은 여기저기 소문이 나더니 일간신문에 보도되어 주목을 받기도 했다.

회사에 힘들고 어려운 일을 내버려 두고 방치하면 암적인 존재로 둔갑한다. 누군가는 그 일을 해결하려는 도전정신이 필요하다. 힘들고 어려운 일에 누구든 도전하여 성공적인 일로 만드는 일, 이것이 주는 성취감, 행복감은 무엇과도 바꿀 수 없다. 중소벤처기업 사장들의 가장 큰 보람은 직원들이 주인 정신을 가지고 힘들고 어려운 일에 과감하게 도전해서 그 일을 잘 해결하여 성취감을 맛보도록 해주는 것이다. 도전하는 일에서 성취감을 맛보는 직원들이 많은 회사는 행복한 회사다.

존재감과 자긍심을 키우는 관계 맺기

중소벤처기업에서는 사장과 임직원들 간에 남다른 관계가 쉽게 형성된다. 조직이 방대하고, 사원부터 대표이사까지 여러 단계의 의사결정구조를 갖는 대기업에서 존재감 있게 일한다는 것은 쉽지 않다. 물론 친화력이 출중하고 사교성이 풍부한 사람, 업무상 여러 부서와 관계를 맺고 일하는 직원들은 어느 정도의 존재감이 생기기도 한다. 우리 삶 가운데 존재감은 큰 의미를 준다. 존재감이 없는 것은 자존감에 상처를 주고 하는 일마다 소극적이게 하여 좋은 성과를 낼 수 없게 한다.

초일류 대기업에 취업해서 3년 이내에 퇴사하는 비율이 생각 이상으로 높다. 일본 직장인들은 30% 수준이다. 한국의 공기업, 대기업에서도 일본과 비슷하게 이직하는 것으로 분석된다. 이런 현상을 보면 연봉이 높다고 해서 삶에 만족도가 높은 것은 아니라는 사실을 알 수 있다. 특히 현재 20~30대인 MZ세대(밀레니얼세대와 Z세대)는 일과 삶의 질을 똑같이 중요하게 생각하는 의식을 형성하고 있다.

중소벤처기업은 300명 미만의 기업들로 신입사원부터 사장까지 얼굴과 이름을 잘 알고 근무한다는 장점이 있는 조직이다. 사장이 마음만 먹으면 전 사원 이름을 외울 수 있고, 심지어 출신학교, 경력, 취미는 물론 가정사도 어느 정도는 파악할 수 있다. 인켈 신입사원 시절 3~400명 되는 관리직 사원들의 이름과 출신학교, 입사 시기까지 훤히 꿰고 있던 관리본부장은 여러 방면에서 전설적이고 유명한 분이었다. 이런 조직적 특성으로 중소벤처기업 경영진과 사원들은 깊은 관계를 맺을 수 있다.

1985년 신입사원 시절, 난생처음으로 해외출장을 가는 나에게 관리본부장님이 직접 공항까지 데려다주고, 해외여행에서 주의해야 할 것, 참고해야 할 것을 세세하게 일러준 기억은 아직도 잊지 못한다. 신입사원이라도 열심히 일해 좋은 성과를 내면 보고도 직접 받고, 칭찬해 주며, 기억해 준 사장님도 잊을 수가 없다.

중소벤처기업은 경영진의 관심 여부에 따라 임직원들의 자부심과 애사심이 달라진다. 홍콩지사에 근무할 당시 아버님께서 돌아가셨는데, 급히 귀국하여 빈소에 도착해 보니 기획실장님께서 가장 먼저 찾았고 빈소를 차리는 데 도움을 주었다고 한다. 비서실에서 모셨던 실장님은 우리 가족들의 신상 하나하나에 관심과 애정을 보여주었다. 아직도 좋은 직장 선배들과 40년 가까이 행복한 관계를 유지하는 것은 큰 행복이다.

중소벤처기업 직원들은 전환배치나 업무지원 등을 통해 사내 결속력과 응집력이 생긴다. 얼마 전까지 대표이사였던 인터엠에 근무하는 동안 감명을 받은 일들이 많았다. 직원들이 국내외 전시·홍보행사에 부서 이기주의 없이 모두 발 벗고 나서는 모습, 그런 속에서 맺어진 끈끈한 동료애, 한 배를 타고 있다는 소속감과 자부심 등은 대표이사인 나에게 큰 감명이었다. 이런 소중한 관계에서 오는 행복은 중소벤처기업에서 더 잘 만들어 갈 수 있다.

신뢰가 자산이다

믿고 신뢰하는 기업문화가 만들어진 중소벤처기업은 남다른 자산을 소유한 것과 같다. 디앤티 대전 본사는 신뢰를 바탕으로 성장한 기업이다. 한국에서 개발하고 생산한 제품을 해외시장에 판매하는 파트너가 같은 직장에서 해외영업팀장을 역임했던 미국 교포다. 디앤티 대전 본사와 미국 교포는 자기가 잘할 수 있는 일에 최선을 다하고, 힘들고 어려운 과정들을 같이 극복하면서 신뢰를 바탕으로 상생하자는 약속을 지금까지 20여 년 성실히 지키면서, 양사 모두 좋은 모습으로 기업을 키우고 있다. 신뢰가 자산이 된 것이다.

홍콩에서 7년간 일하면서 많은 것들을 경험했다. 인켈 홍콩지사도, 맥슨전자 홍콩지사도 IPO(International Purchasing Office) 역할을 하는 전자부품 구매전문 해외 지사다. 이 지사는 홍콩에 본사나 사무실을 두고, 중국에서 공장을 운영하는 전자부품 회사들에서 단가가 싸면서도 품질이 좋은 부품을 구매하여, 한국 본사나 동남아 생산법인으로 공급해 주는 게 주된 역할이다. 싸고 좋은 품질의 부품을 찾는 것도 쉬운 일이 아니다. 전자부품 공장을 중국에 갖고 있어야 싸게 만들 수 있어 홍콩 본사와 중국공장을 동시에 겸비하고 기술적 능력도 갖춰야 한다. 또한, 회사가 오래 갈 수 있어야 한다는 몇 가지 거래조건을 정하고 부품공급 파트너를 찾아 거래를 개시하게 된다.

100여 가지 부품을 공급받기 위해 4~500개 기업과 미팅을 하고 공장을 방문하는 일을 꾸준하게 했다. 만나기로 한 업체와 시간, 장소를 정하고 나는 늘 10~20분 먼저 가서 기다린다. 시간 약속을 지키는 것이 신뢰의 기본이라는 생각에서다. 어떤 회사들은 나보다 먼저 와서 기다리는 예도 있고, 약속 시각보다 늦게 오는 회사들도 있다. 미팅은 가볍게 하지만 약속 시각보다 늦은 회사들은 그다음이 없다. 내 거래 철학이다. 시간 약속도 못 지키는 사람, 그런 회사와 신뢰를 쌓고 거래하기는 어렵다.

아침마다 테마별로 회의를 하는 독특한 회의문화를 가진 회사도 있다. A부터 Z까지 모든 업무영역을 사내에서 처리하면서 보고도 받고, 의논도 하고, 결정해야 할 일들이 많아서, 요일별로 주제를 정하고 주간점검회의 형식으로 진행한다. 임원본부장과 관련 핵심팀장 12~15명이 회의에 참석한다. 이 회의를 운영해 보면 늘 회의시간을 지키지 못하는 사람들이 있다. 그런 사람은 신뢰에 문제가 많은 사람이다.

신뢰감을 준다는 것은 시간 약속에만 한정되는 것은 아니다. 약속한 것은 어떤 일이 있어도 지키는 일, 보고서 내용이 기대 이상으로 만족스러운 일, 회사의 비품이나 장비를 내 것처럼 소중히 관리하는 일, 밝은 모습으로 인사를 잘하는 일, 동료들이 어려울 때 발 벗고 도와주는 일, 몸가짐이나 언행에서 믿음직한 모습, 일하다가 실수하거나 잘못이 있으면 솔직하게 보고하는 일 등, 조직관리 운영에서 신뢰감을 주는 일들은 이처럼 의외로 단순하고 쉬운 일임에도 너무도 쉽게 간과해 버리는 일이 많다. 상하 간에, 직원들 간에 신뢰감이 공고한 회사 임직원들은 늘 맘이 편하고 행복하다.

배움에서 나오는 미래

중소벤처기업은 배움의 보물창고, 보고(寶庫)다. 작게는 10명 이하로, 많게는 300명 내외의 직원들이 모여 일하는 중소벤처기업은 하루 출근해서 일하는 동안 많은 일을 직간접적으로 보고, 듣고, 경험한다. 그리 크지 않은 사무실에는 연구소, 마케팅, 영업, 구매, 서비스, 인사 총무, 재무회계 등등, 작지만은 않은 부서들이 오밀조밀 모여서 일하게 된다. 규모가 작은 것뿐이지 대기업에 있어야 할 조직과 기능은 모두 갖고 있다. 이들은 같은 공간에서 매일 얼굴을 맞대고 일한다.

이들은 일하고 휴식하며, 식사와 회식을 같이 하면서 늘 가까이서 대화하며 정보를 나눈다. 그렇게 직간접적으로 많은 것을 배우게 된다. 외부에서 중요한 일이 생기면 너나없이 달려들어 해결해야 하는 일도 많다. 경영지원팀 사원들이 현장에 나가야 할 때도 있고, 생산에도 투입되기도 한다. 사장이 직접 주재하는 회의에 참석할 때도 잦아 경영이 뭔지 경험도 하고, 해외 바이어라도 오면 식사하고 어울리는 기회도 생긴다. 해외 전시회에 참가하는 경우 해외영업팀만으로는 부족해 여러 부서가 동행해서 행사를 치르기도 한다. 이렇게 직간접적인 체험은 조직이 방대한 대기업에서는 쉽지 않은 일들이다.

디앤티 대전 본사에는 80여 명의 직원이 연구소, 구매, 생산, 품질관리, 영업, 경영지원, 물류 등 여러 조직을 갖추고 있었다. 생산제품의 95%가 수출되는 구조여서 바이어와 상담을 해야 하는 경우 외에도 클레임이 생기거나 기술지원이 필요한 경우에는 연구소에 엔지니어들이 해외에 나가 일을 해야 할 때가 잦다. 영어로 의사소통이 안 되는 일들이 다반사여서 해결할 방법은 현지에서 통역사를 고용하거나, 영어로 소통이 가능한 영업팀 직원이 동행하는 방법이 있지만, 출장비가 2배로 들어가는 낭비 요인이 생긴다. 해결방법을 찾아야 했다. 홍콩에서 7년, 태국에서 6년 해외생활을 하면서 영어 소통을 극복했던 방법을 적용해 아침 일과 시작 전 1시간씩 매일 영어를 가르치기로 했다. 10여 명의 직원이 참여했다.

방법은 간단하다. 쉬운 영어회화 책 한 권을 정해서 읽고 따라 읽고, 외우고 시험 보고, 이런 과정을 반복하면서 1년을 가르쳤는데 몇 사람은 200문장을 외워서 쓰는 시험을 100점 맞을 정도로 열심히 했다. 내가 1년을 가르친 다음 개설한 외국인 회화반에 올려보내 또 1년을 훈련시켰다. 이렇게 2년을 공부하니 연구원이 혼자서 출장을 나가서 일할 수 있는 수준에 도달했다. 1년 차와 2년 차를 잘 마치면 3년 차는 무역영어 공부를 1년간 더 하게 하여 회사 소개를 영어로 할 수 있을 수준까지 끌어 올렸다.

디앤티 대전 근무를 마치고 자회사 대표이사로 일하기 위해 서울로 올라올 때 영어를 같이 공부했던 직원들에게 배울 기회를 주어 감사하다는 인사를 많이 받았다. 인터엠에서 대표이사에 취임해 영어회화반과 일어회화반을 편성하여 어학을 공부시켰다. 3D 기술을 가진 팀장, 코딩 기술을 가진 연구원, PPT 작성을 잘하는 직원 등 남다른 재능을 가진 사원들을 강사로 가르치는 일을 많이 했다. 배우는 행복을 주고 싶었다. 임직원들이 배울 것이 많은 중소벤처기업은 미래가 있는 행복한 회사다.

변화해야 살아남는다

맥슨전자 태국법인장으로 일할 때 변화의 열정이 넘쳐났다. 방콕 시내에 관리본부와 연구소가 자리 잡고 있었고, 70여 명의 직원이 근무하고 있었다. 방콕 시내에서 승용차로 1시간 떨어진 아유타야현에 자리 잡은 1만 평 규모의 공장에서는 1,400여 명의 직원이 근무했다. 한국에서 파견이나 주재원으로 온 직원들은 20여 명이다. 산업용 및 생활용 무전기를 생산하여 100% 수출을 하는 합작회사였는데, 본사와 영국연구소에서 개발·생산하는 핸드폰을 1년 후에는 이 공장에서도 생산할 계획이었다. 태국에서 최초로 핸드폰을 생산하는 공장으로 기록될 전망이었다. 변신이 필요했다.

무전기 생산라인과 핸드폰 생산라인은 근본적으로 다른 구조였다. 무전기 생산라인은 노동집약적인 제품이라면, 핸드폰은 기술집약적인 제품으로 생산설비와 환경이 확연하게 달라지지 않으면 안 되었다. SMD 장비를 신형으로 2조를 도입해야 했고, 휴대폰을 생산하는 라인의 조도와 청정도도 크린룸 수준이 되어야 했다. 크린룸 수준으로 만드는 것 외에 청정도가 상시 유지되도록 관리를 해야만 했다. 생산환경이 확 달라져야 했다.

가장 기초적인 3정 5S를 먼저 도입하고 꾸준하게 실시하기로 방향을 잡았다. 인근 일본계 회사들이나 삼성전자, LG전자의 태국공장을 방문해 보면 단순하면서도 효과적인 관리방식인 3정 5S로 택하고 있는 게 가장 눈에 띄었다. 한국에서 온 관리자들과 태국 현지 관리자들을 데리고 일본계 전자회사들, 삼성전자, LG전자 등 5개의 회사를 방문해서 견학했고, 견학을 통해 벤치마킹한 것들을 정리해 도입하기로 했다.

변신하는 데는 고통이 따른다. 안 하던 일을 한다든가, 하던 일을 못 하게 하면 심한 반발이나 저항심리가 작용하기 때문에 가장 쉬운 것부터 시작해야 했다. 법인장인 내가 직접 솔선해서 마중물 역할을 했고, 모르면 가르치고, 안을 실행시키고, 실행 후에 점검하고, 피드백시키는 일들을 군대 내무사열 형식을 본떠서 1년간 꾸준하게 진행한 결과 공장 전체가 모두 다 놀랄 만큼 변신을 했다. 정리 정돈된 공장, 청소가 잘 되어 청결이 유지되는 근무환경, 이런 좋은 환경이 잘 유지되는 과정들을 본 직원들은 매우 행복해했다. 이런 환경이 조성된 후에 휴대폰 생산라인이 들어왔고 공장 모습은 1년 전과는 비교할 수 없을 정도로 확연히 달라졌다.

디앤티 대전 본사에 근무하면서도 로비를 자율도서관으로 만들어 운영하는 등 여러 가지 변신 활동을 했다. 인터엠에 대표이사로 3년간 근무하면서도 근무환경을 조금씩 변화시키는 일들을 했다. 대중식당 같던 구내식당을 사진 전시장 같은 식당으로, 사용을 안 하던 복도 지하 1층부터 8층 옥상까지를 '계단 갤러리'로 변신시켰고, 코로나 블루를 극복하는 방안으로 1인 1화분 가꾸기도 시도했다. 많은 변신이 이루어졌다. 혁신은 참 어렵다. 하지만 변신은 일상 속에서도 가능하다. 그리고 행복감을 가져온다.

겸손이라는 무기

가수 조영남의 노래 중에 〈겸손은 힘들어〉라는 노래가 있다. “세상에는 이런 사람 저런 사람, 세상에는 잘난 사람 못난 사람 많고 많은 사람들이 있지만, 그중에 내가 최고지~~ 겸손은 힘들어 겸손~ 겸손은 힘들어 겸손~” 이런 노래다. 살면서 이것저것 다 해봤지만, 겸손이 제일 힘들다고 넋두리를 떤다. 배운 것이 많고, 지위가 높고, 가진 것이 많고, 보통 사람들과 남다르게 살아온 사람들이 겸손한 마음으로 산다는 것은 참 힘든 일이다. 종교적으로도 겸손은 높은 수준의 덕목이다.

겸손의 사전적 의미는 ‘나를 낮추고 상대방을 인정하고 높여 대하는 마음’이다. 중소벤처기업에서 사장이나 임직원들은 대부분 평범한 사람들, 소박한 사람들이다. 다른 사람들에 비해서 능력이나 실력 면에서 조금 부족하고 뒤처지는 사람들도 있다. 평범한 사람, 소박한 사람, 실력이 부족하거나 뒤처지는 사람들은 중에 더러는 자존심이 강해서 조직 내에서 갈등의 요인이 된다. 타고난 성격 탓도 있지만, 후천적으로 생겨난 생존본능일 수 있다. 겸손은 나를 낮추는 것이지만 부족함이 표출되는 건 아니다.

조직에서 다른 동료들보다 진급이 늦거나 연봉이 적은 경우를 많이 볼 수 있다. 고등학교 친구 두 명이 똑같이 경찰 간부가 되어 근무했는데, 한 친구는 승진이 빨라 일찍 총경이 되어 여러 경찰서 서장을 했으나 정년보다 4년 일찍 퇴임해야 했다. 다른 한 친구는 3년이나 늦게 진급을 했으나 불만 없이 묵묵히 일하며 총경이 된 이후 정년까지 근무해 먼저 퇴직한 친구보다 4년을 오래 근무했다. 진급은 늦었으나 근무를 4년이다 더 할 수 있어 궁극에는 더 좋은 모습이 되었다.

대기업에서도 이런 일들은 흔하다. 젊을 때 밤낮을 안 가리고 일을 해서 일찍이 임원이 되었지만, 임원 임기를 못 채우고 퇴임하거나 겨우 3년 법적 임기만 채우고 회사를 일찍 떠나는 경우는 흔히 보는 일이다. 그런 가운데 임원이 못되어 섭섭하기는 하지만, 정년을 못 채우고 임원으로 일찍 그만둔 사람보다 5~6년 이상 더 근무하는 사람도 있다. 어느 경우가 더 좋을지는 사람마다 생각이 다를 수 있지만, 정년까지 근무한 경우가 더 낫다.

중소벤처기업에는 겸손한 마음으로 때를 기다리면 의외로 좋은 기회를 만나기도 한다. 대기업에서 대표이사로 퇴직한 친한 형님은 학력이나 경력 면에서 다른 사람들에 비해서 그리 내세울 만한 것은 없었으나, 그 회사가 2차례 인수·합병이 진행되는 과정에서 학력과 경력을 무기로 버티던 사람들이 대거 퇴진하면서 겸손을 무기로 대표이사에 발탁되었다. 회사에 근무하는 동안에 50대 중반이 되도록 부장 진급도 못 하는 직원들도 많지만, 이들은 정년까지 일하고 정년 후에도 임금피크제로 더 근무하기도 한다. 겸손의 덕이다.

겸손의 반의어는 오만이다. 모든 사장은 직원들의 겸손을 좋아하고 오만을 미워한다. 사장은 직원들에 대한 인사권을 행사할 수 있다. 해마다 임직원들의 인사고과를 행하는 사장의 마음속에는 직원들의 평소 행동거지가 머리에 맴돌고 있다. 조직에서 누구나 다 열심히 최선을 다한다. 다만 성과에 차이가 좀 있을 뿐이다. 사장은 성과도 중요하지만, 겸손을 더 비중 있게 평가하기도 한다. 겸손의 힘이다.

편안함과 친화력도 경쟁력이다

38년 직장 생활하는 동안 나를 만났던 사람들은 나를 편안한 사람이고 말한다. 만나서 교류도 하고 일을 같이 해보면 편안한 사람이 있고, 뭐라고 말하기는 어렵지만, 보이지 않는 벽 같은 게 느껴지는 사람이 있다. 어울리기에 다소 불편한 사람이다. 사교성이 없는 이런 사람은 아래 사람이나 동기들, 윗사람들도 가까이하기 쉽지 않다. 같은 사무실에 근무하면서도 말 섞기가 쉽지 않아 몇 년을 같이 근무하고도 서로 모르는 사이처럼 지내기도 한다. 이런 사람들과는 같이 지내는 자리가 불편해 피하는 사람들이 의외로 많고 부서의 단합에도 걸림돌이 되기도 한다.

나는 어머니를 닮아 비교적 사교성이 좋다는 평가를 받는다. 어릴 적부터 누구에게든지 먼저 인사하는 습관이 생겨 나이가 어린 직원들에게도 먼저 인사를 하는 편이다. 인켈 입사 후 여러 가지 다양한 일을 하면서 배울 것 많은 직장 선배들에게 먼저 다가가 인사도 하고, 궁금하거나 관심사가 비슷한 것에 대해 의견을 자주 나누곤 했다. 여직원만 몇 명 있던 비서실에 임원급 비서실장이 부임하고 과장급 비서를 차출할 당시 여러 명의 임원, 부장급들이 나를 비서과장으로 추천해서 뽑혔다는 후일담을 들었다. 또래 중에서 가장 인사성도 밝고 사교성이 있어 추천되었다는 것이다.

인켈 선대회장님을 비서실에서 모실 때 임원들, 부서장들 모두 회장님을 어려워했다. 사장이나 부사장도 어려운 마당에 회장은 더 어려워할 수밖에 없다. 모두 어려워 자리를 피하거나 말을 섞기 어려운 상황에서 나는 회장님이 큰아버님과 같다는 편안한 마음으로, 사장님은 큰 형님 같다는 생각으로 인사도 씩씩하게 하고 불편하거나 궁금한 것들을 시원시원하게 해결해 주는 등 편안하게 해드렸다. 회장님과 사장님도 격의 없이 나를 대해 주셔서 불편한 것 없이 잘 지냈다.

어떤 회사가 경쟁력이 있다고 할 때 그 경쟁력은 완전히 다른 모습일 수 있다. 기술력이나 마케팅 능력, 영업 능력, 제조능력, 유지보수 등 CS 능력도 모두 경쟁력이다. 회사가 보유한 경쟁력을 강화해서 사업상 이득을 얻는 것이 바람직한 기업활동이다. 한 가지 경쟁력으로 기반이 잘 다져지면 또 다른 기회가 온다. 예를 들어 제조사업에만 회사의 역량을 집중했던 EMS(Electronic Manufacturing Service) 회사들이 제조활동을 하면서 부품구매력(Buying Power)이 생겼고, 이를 토대로 부품제조 및 유통, 저가제품 자체개발과 판매사업으로 확장도 했다. 세계적인 EMS 회사 팍스콘이 좋은 예다.

어떤 사람이 능력이 있고 쓸만한 사람이라는 평가를 할 때도 마찬가지다. 학력, 경력, 전문적 식견은 기초적 능력이고 열정, 건강, 태도, 설득력, 신용도 등도 매우 중요한 능력의 하나이며, 좋은 인상, 상대방을 편하게 해주는 친화력도 경쟁력이다. '인사만 잘해도 먹고 산다'는 옛말은 매우 중요한 의미를 담고 있다. 인사를 잘한다는 말 속에 인성, 심성, 예의, 태도, 성실성 등 인격이 담겨있는 것이다. 상사, 동료, 후배, 거래처 등 이해관계자들과 거부감 없는 편안함도 경쟁력이다. 이런 행복한 경쟁력을 가진 임직원들이 많은 멋진 회사를 만들어 보자.

정서적 경쟁력이 되는 존중과 존경

직장생활을 하면서 존경할 만한 사람을 만나는 것은 큰 행복이다. 첫 직장 인켈에서도, 두 번째 직장 맥슨전자에서도 창업주를 가까이서 모셨다. 인켈 비서실에서 과장으로 일하면서 선대 회장이신 매당 조동식 회장을 가까이에서 모셨고 맥슨전자 홍콩지사와 태국법인장 역할을 하면서 고인이 되신 윤두영 회장을 가까이에서 자주 뵙곤 했다. 두 분은 오디오 전문기업 인켈을 공동창업하셨다. 동업이라는 것이 쉬운 일이 아님을 안 두 분이 합의해서 인켈은 조동식 회장께서 맡아 경영하고, 윤두영 회장께서는 통신기기 회사를 창업하는 것으로 합의했다. 오디오 명문기업 인켈과 통신기기 명문기업 맥슨전자가 이렇게 탄생한 것이다.

인켈 조동식 회장께서는 황해도에서 6·25 때 월남하여 서울에 정착하고, 섬유유통사업으로 큰 재력을 쌓았다. 제일모직 이병철 회장과 특별한 친분이 있던 인연으로 제일모직 제품 유통사업으로 돈을 많이 벌었다. 인켈 창업은 50대 중반이 넘은 나이에 미래를 보고 투자한 사업인데 오디오 사업도 크게 성공을 거두셨다. 맥슨전자 윤두영 회장께서는 일동제약 맏아들이었는데 경기고등학교를 졸업하고 미국유학을 해서 전자공학을 전공했다. 의학이나 약학을 공부해 가업을 이으라는 선친소망을 저버린 결과가 되었으나 한국 통신산업의 한 획을 그은 훌륭한 분이다.

남다른 인품을 두 분은 전자산업 업계의 존경을 받는다. 회사의 성장과 발전을 기반으로 대외적인 평가나 언론의 평가는 포장되어 잘 받을 수 있지만, 직원들 평가에서 존경을 받기는 쉽지 않다. 두 분의 심성이나 인성은 진심으로 임직원들을 사랑하고 아끼며 성실하게 일하는 성품이어서 직원들이 너나없이 존경했고, 노사분규 한번 없는 멋진 경영을 한 분들이다. 안타까운 것은 민수용 제품들이 규모의 경제 바람에 밀리고, 또 IMF의 폭풍이 몰아치는 시대의 소용돌이를 견뎌내지 못하고, 다른 회사로 인수합병이 된 것이다. 한국 전자산업 발자취에는 이 두 분의 큰 업적이 잘 기록되어있다.

중소벤처기업 창업주나 경영자들은 존경을 받아야 한다. 이런 이야기를 하면 MZ세대 젊은 직원들은 꼰대 마인드라 불편해할 수도 있다. 위험을 감수하며 창업을 하고, 어려움 가운데서도 회사를 키워 나가는 고독한 사장들의 마음을 이해하고 협력하며, 존경의 마음을 갖는 것 또한 정서적인 경쟁력이다. 임직원들이 사장에 대한 존경심이 없어, 모이면 불평불만을 하고, 비난하고 욕을 하는 그런 회사는 더 이상 발전도 어렵고 미래에 대한 비전도 없다. 함께 일하는 직원들이 자랑스러운 사장은 행복하며, 힘들고 어려운 회사를 위해 온몸을 바쳐 애쓰고 노력하는 사장에 대한 존경을 품는 임직원들은 행복한 사람들이다.

제2의 성공인생을 이끄는 다양한 경험

월급을 받고 회사 일을 하면서, 동시에 많은 것을 배우고 경험하는 건 행복한 일이다. 인켈 인사팀에서 같이 근무했던 C는 지금 인하대 교수로 근무한다. 그는 인켈 입사 초창기에 관리본부에 입사하여 인사기획 업무를 맡아 일했다. 인사기획 업무는 범위가 넓어서 폭넓은 지식이 필요했고 많은 사람과 협력해야만 했다. 깊이 있는 공부가 필요해 회사 인근 대학원을 다녔다. 야간 석사과정과 주말 박사과정을 마치고 회사 일을 계속하다가 회사가 대기업으로 인수·합병되면서 인천개발연구원으로 자리를 옮겼고, 송영길 인천시장의 비서실장으로 일하다가 지금은 인하대 교수로 재직하고 있다.

맥슨전자에서 연구원이나 영업, 구매 책임자로 일하다가 성공한 케이스는 너무 많다. 휴대폰 시장 초창기에 삼성전자나 LG전자와 어깨를 나란히 할 만큼 큰 사업을 했던 팬택과 텔슨전자 창업 멤버들은 대부분 맥슨전자 출신들이다. 맥슨전자와 팬택, 텔슨전자 외에도 여러 통신기업이 탄생했는데, 이들 기업을 기반으로 전자부품 유통사업에서 큰 기반을 잡은 회사들도 많다. 맥슨전자가 일찍이 해외 연구소와 공장에도 투자한 덕분에 국외 법인을 바탕으로 경력을 쌓고 해외 사업가, 국제 엔지니어로 활동하는 이들도 많다.

디앤티 서울사업장은 반도체 유통으로 기반을 잡아 디앤티 대전 본사와 인수·합병을 한 후 코스닥 상장에 성공했다. 이후에 우회 상장하는 과정에서 많은 애로를 겪기도 했지만, 반도체 유통과 기술지원, 주문형 반도체의 개발 사업을 추진하는 과정에 다양한 기술을 지닌 인력들이 합류했다. 합류한 인력들이 만들어내는 신규사업, 새로운 프로젝트, 앞을 내다볼 수 있는 많은 정보와 네트워크, 거기서 얻어지는 경험들은 임직원들을 몇 단계씩 업그레이드시키는 기회가 되었다. 회사 사정으로 같이 근무했던 전문인력들이 여러 곳에 흩어져 새로운 일을 시작하는 것도 또 다른 기회요 원동력이다. 다양성의 힘이다.

산업용 음향기기 전문기업 인터엠에는 100여 개의 대리점과 200여

개의 전문점이 있다. 이들은 인터엠 영업의 최전선을 담당하는 파트너들이다. 대리점 사장 중에는 임직원으로 근무하다가 대리점을 내 사장으로 변신한 사람들이 상당수다. 직원으로 일하면서 많은 것들을 배우고 익힌 후, 영업 최일선을 담당하는 대리점 사장으로의 변신은 회사도, 직원들도 함께 상생하는 좋은 모습이다. 우호적 상생관계를 잘 만들어 가는 것이다.

몇 개 회사에서 같이 근무했던 임직원 중엔 전문가로 활동하는 사람들이 많다. 품질경영 부서에서 잔뼈가 굵은 동료 중에 ISO 전문위원으로 활동하는 사람들이 있다. 일하면서 전문가 자격을 취득한 것이다. 연구소 직원 중에는 개발전문 연구소 기업을 설립하여 지닌 기술을 오래도록 활용하는 사람들도 있다. 부품 구매부서에서 오랜 경험을 쌓은 사람들은 부품 제조회사나 부품유통 회사를 설립해 운영한다. 소비자센터 소장을 하던 인력들은 서비스 전문회사를 만들어 운영한다. 참 다양한 삶의 모습이다. 중소벤처기업에서 경험한 다양성을 기반으로 내 회사를 갖는 것은 참 행복한 일이다.

내 앞에 놓인 무한한 가능성

중소벤처기업은 다방면에 가능성이 많은 곳이다. 많은 것을 보고 배우고, 관련된 기업이나 관계자들과 깊은 관계를 맺을 수도 있다. 대학을 졸업하고 자동차 부품을 생산·공급하는 회사에서 정년까지 근무했던 대학 친구는 작은 회사로 자리를 옮겨 대표이사를 맡고 있다. 신입사원 때부터 현대자동차 등 자동차회사에 부품영업을 해온 친구 회사는 이미 대기업이 되었고, 전무로 정년퇴직했다. 30년 넘게 자동차회사들과 맺어온 끈끈한 인맥은 친구에게 크나큰 자산이 되었다. 정년퇴직 후에 자동차회사에 납품을 희망하는 작은 자동차 부품 회사들 여러 곳에서 대표이사로 와 달라는 제안이 왔고, 그중 한 회사에 가서 5년째 대표이사를 하고 있다.

공고를 졸업하고 외국계 전자회사에 근무했던 친구는 지금 그 회사 오너 사장이다. 군 복무를 마치고 고향 인근에 있는 전자회사에 관리직으로 입사해 정문 경비업무 등 허드렛일을 맡았지만 성실하게 최선을 다해 열심히 일했다. 남다른 그 모습을 여러 번 보아온 사장은 그가 공고 전자과를 졸업한 것을 알고 생산현장에서 일하도록 배려했다. 생산현장에서 일하게 된 그는 일과 후에도, 휴일에도 회사에 나와 배우고 익히며, 모든 회사 일을 내 일처럼 열심히 감당했고, 몇 년 후 그는 현장에서 최고의 실력자가 되었다. 본사 국제화 전략에 따라 공장을 중국으로 옮기기로 한 회사는 이 회사를 그에게 맡겨 책임지게 했고 나중에 경영권도 넘겨주었다. 20여 년이 지난 지금 그는 매출 350억 대 중소벤처기업의 오너 경영자다. 이런 남다른 성공은 중소벤처기업이라 가능한 일이다.

꿈꾸는 것에 대한 희망, 가능성의 발견, 도전은 우리가 살아가는 의미가 된다. 몸담고 일하는 회사를 통해서 희망을 찾고 가능성을 발견하여 도전할 수 있다는 것은 행복이다. 회사가 성장하고 발전하면서 나도 같이 성장하고 발전할 수 있으면 그것은 큰 행운이다. 생의 설계를 열정을 가지고 일하는 회사에서 찾을 수 있어야 한다. 대기업에서는 발견할 수 없는, 찾을 수 없는, 만나기 힘든 멋진 기회를, 자신이 근무하는 중소벤처기업에서 찾을 수 있었으면 하는 마음이다. 평범한 소시민인 내가 그런 과정을 거쳐 코스닥 상장회사 사장까지 지낸 경험이 있어서 자신 있게 말할 수 있다.

'용의 꼬리가 되기보다 뱀의 머리로 사는 것이 낫다'는 옛말이 있다. 공무원으로, 공기업에서, 대기업에서 안정적으로 직장생활을 하는 것도 좋은 일이다. 꿈을 꾸는 사람들이라면 고생은 좀 할지라도, 당장 급여나 처우는 만족하지를 못해도 언젠가 머리가 될 수 있다는 가능성을 바라보며 희망을 품고 중소벤처기업에 도전하자. 내가 대표이사로 일했던 인터엠 출신 임직원 중에는 사장이 된 사람들이 많다. 구매 관련 일을 하다가 납품업체 사장이 된 사람도 있고, 영업팀이나 시공팀에서 일했던 임직원 중에는 대리점 사장이 된 사람들, 벤처기업 사장이 된 사람이 여러 명 있다. 중소벤처기업은 확장이 빠르다. 여기서 가능성을 찾으면 앞이 보이고 행복도 보인다.

리스크는 줄이고 시너지는 키우는 유연성과 융통성

유연성이 경쟁력이 되는 시대가 왔다. 인켈 생산관리부에 근무할 당시 사업이 확장되면서 생산라인이 추가로 필요했고 최신 생산시스템을 도입해야 한다는 의견이 모였다. 포드 생산방식이나 도요타 생산방식 같은 전통적인 대량생산 방식에서 다품종 소량생산을 효과적으로 할 있는 FMS를 도입하는 방향으로 의견이 모였다. 그 당시 FMS(Flexible Manufacturing System)는 선진 생산방식의 하나로 널리 소개되며 혼류생산을 가능하게 했던 방식이다. 혼류생산 방식은 한 라인에서 2개 이상의 제품을 동시에 생산할 수 있도록 하는 것이다. 셀라인이라는 개념으로 유연성이 확보된 생산라인이 소개되기도 했던 때다.

유연성은 기대되는 결과 또는 성과를 이룩하기 위해서 사고와 행동을 선택적으로 할 수 있는 능력을 말한다. 최근에는 FMS를 넘어 고도의 ICT 기술과 로봇, 인공지능이 가미된 스마트 팩토리가 급속하게 도입되고 있다. 스마트 팩토리 운영에서 요구되는 가장 중요한 사항은 유연성이다. 어떤 상황에서도 자유롭고 유연하게 대처할 수 있는 효율성 높은 공장을 구현하는 것이 스마트 팩토리의 궁극적인 목적이다. 유연성을 확보하는 데는 수많은 경우의 수가 시뮬레이션 되어야 하며, 그러기 위해서 빅데이터를 활용한 예측과 운영, 통제가 가능하도록 만들어져야 한다.

유연성과 유사한 단어는 융통성이다. 사고의 유연성이 융통성으로 표현된다. 기업의 필수적인 요소가 4M이다. Man, Money, Material, Machine이다. 시설이나 장비 등에 유연성이 필수적으로 요구된다면 사람에게는 융통성이 요구된다. 영어로 표현하면 유연성이나 융통성 모두 flexibility로 표현된다. 회사 경영은 수학 공식과 같이 정해진 틀에 맞춰 운영되지 않는다. 경영학을 조금도 공부하지 않은 중소벤처기업의 CEO들도 수없이 많다. 그만큼 중소벤처기업에서 유연성, 융통성은 힘이 되는 것이다.

70~80년대는 규모의 경제라는 기치를 내걸고 그룹 회사들이 인수·합병을 통해 사세를 확장해 몸집을 키웠던 시절이었다. 그러다가 무

리한 사세 확장을 했던 그룹들은 1997년 IMF 외환위기 때 엄청난 위기를 겼었고, 체질이 약한 많은 그룹이 역사 속으로 사라졌다. IMF 위기를 극복하기 위한 국가 정책으로 벤처기업 활성화를 추진했던 김대중 정부는 공용기업 그룹 회사의 한계를 들어 유연성과 민첩성, 고도성장 가능성이 있는 벤처기업에 정책적인 투자를 하여 큰 성과를 거두고, 그 벤처 기반이 지금까지 잘 살려져서 유지되고 있다.

중소벤처기업은 정부나, 공공기업, 대기업이나 금융권 등에서는 적용이 쉽지 않은 유연성, 융통성을 잘 살릴 수 있는 구조다. 좋은 아이템이 있거나 미래를 보장할 만한 혁신적인 영역에 진입하는 것도, 퇴각하는 것도 적은 Risk로 가능하다. 유연성과 융통성을 큰 장점으로 활용할 수 있다. 인력 수급과 활용 측면에서도, 시너지 효과가 있을 파트너 선정과 협력 관계에도 유연성과 민첩성이 가능하다. 유연성이 힘이 되는 조직, 융통성이 조직에 활력을 불어넣는 중소벤처기업의 임직원들은 행복하다.

자부심을 품자

80년대 초반, 한국 전자산업계에 분야별로 자부심을 가진 중소벤처기업들이 많았다. 대표적인 기업 중의 하나가 하이파이 홈 오디오에서는 일본이나 유럽 회사들과 어깨를 나란히 했던 인켈이다. 난 대기업 입사를 포기하고 이 회사에 꿈을 갖고 입사를 했다. 통신기기 분야에서는 맥슨전자가 세계적인 통신업체 모토로라와 경쟁할 정도로 막강한 기술과 자부심이 있었고, 개인용 컴퓨터 분야에서는 삼보컴퓨터, 가정용 TV에서 가장 앞서갔던 아남전자, 팩스와 복사기 분야에서는 신도리코가 두각을 나타냈다. 이 기업들은 그룹 회사에서 인수하고 싶을 정도의 기술력으로 자부심이 있던 회사들이었다.

시대는 늘 변한다. 자부심이 대단했던 이 회사들도 중국의 급속한 성장과 함께 규모의 경제가 경쟁력을 좌우하는 시대가 다가오면서, IMF를 맞아 어려움을 겪으면서 경쟁력을 유지할 수 없는 민수용 사업은 매각하고, 산업용 제품군만 유지하는 혁신적인 구조개편을 단행해야 했다. 대규모 물량을 확보할 수 있는 대기업들과 저가품을 주문 생산해 대량으로 공급하는 중국 국영기업들을 이길 수 없는 기업환경이 도래한 것이다. 일본 전자기업들은 70년대 후반에 이미 중국이나 동남아에 생산기지를 이전해 상황을 극복했고, 삼성전자나 LG전자, 대우전자 등 대기업도 발 빠르게 변신해 갔다.

한국에 벤처기업의 씨를 뿌리고 뿌리가 내리도록 가꾸어 온 김대중 대통령은 1997년 외환위기를 단기간에 극복하는 정책적 수단으로 벤처기업제도를 과감히 도입했다. 97년 10월에 '벤처기업 육성에 관한 특별조치법'이 제정된 이후 중소기업청에서 인증한 벤처기업으로 등록된 기업들이 벤처기업으로 인정을 받았고 이들을 대상으로 한 다양한 형태의 지원이 폭넓게 행해졌다. 벤처기업들이 자금을 조달할 수 있도록 각종 특별융자를 마련하고 기술이전, 핵심인력, 연구개발과 생산 인프라 등에 대해 정부가 정책적 의지를 갖추고 의도적으로 개입하여 지원하는 정책을 펼쳤다. 이를 기반으로 탄생한 스타기업들이 단기간에 생겨났고, 또 단기간에 사라지기도 했다.

고인이 된 이민화 회장이 창업한 의료기기 장비회사 메디슨은 그룹이 될 정도로 성공한 기업이었다. 휴대폰 사업으로 대박이 났었던 팬택, 텔슨전자도 대기업 반열에 들어섰고 맥슨전자를 인수한 세원텔레콤도 한때는 벤처 스타 기업이었다. 가산디지털단지가 한국 최대의 벤처산업단지로 부각이 되면서 오스템임플란트, 마크로젠, 엠텍비전, 유비케어, 아이레보, 컴투스 같은 코스닥 스타 기업들이 대거 탄생했다. 대덕연구단지를 기반으로 하는 벤처기업들도 속속 코스닥 시장에 등장하기 시작했고 2005년에 11개였던 코스닥 상장기업이 2021년에는 100개가 늘어나는 등 발전속도가 괄목할만했다. 지금은 판교, 송도 등에 새로운 중소벤처단지들이 다시 생겨났다.

중소벤처기업들은 자부심의 산물이다. 지금 이 시각에도 큰 자부심을 품고 꿈을 꾸며 도전하는 젊은이들이 있다. 첨단 산업은 아니라도 물려받은 유업으로, 전통적인 파트너 기업으로 구슬땀을 흘리며 국가 산업발전의 근간을 만들어 가는 중소벤처기업은 국민의 90%를 끌어 앉고 있는 우리 삶의 터전이다. 자부심을 품자. 자부심은 행복이다.

능력은 순간, 애사심은 영원

회사는 출중한 능력이 있는 사원들로만 유지되고 성장하는 것은 아니다. 어느 회사든 업무능력에서는 출중하지 못하지만, 한결같은 마음과 자세로 20년, 30년 일관성 있게 일하는 직원들이 있다. 어쩌면 회사는 이런 직원들의 애사심과 성실성이 회사에 뿌리가 되어 안정을 유지하고 장수기업의 밑거름일지도 모른다. 자신의 능력을 과신하여 몇 년 근무하다가 경력을 쌓고 좋은 데로 이직하는 떠돌이와 같은 직원들이 의외로 많다. 하지만 오랜 시간이 지나보면 이런 직원들은 오래 가지 못한다.

인켈이 해태그룹으로 인수·합병이 되어 경영권이 넘어간 지 25년이 넘었다. IMF 외환위기가 닥친 후에 해태그룹도 위기를 극복하지 못하고 결국은 사라졌고, 이런 와중에 인켈은 또 한 번 인수·합병되어 중견 건설사의 자회사로 편입되었다. 이렇게 회사가 격변을 겪는 소용돌이 속에서도 일관성 있게 자리를 지킨 후배들은 임원이 되어 회사를 지키고 있다. 회사가 늘 안정적으로 경영활동을 하기는 어렵다. 안팎으로 늘 위기가 닥치고 이것을 극복하지 못하면 경영권이 넘어가거나 역사 속으로 사라지기도 한다. 인켈은 아직도 1,500억 이상의 매출을 하는 중견기업으로 건재하고, 수출에 주력하여 일본이나 미국, 유럽 유명회사에 OEM, ODM 사업을 하고 있다는 것은 인켈의 저력이 대단했음을 보여주고 있다. 애사심을 가진 직원들이 남아 지켜주었기 때문이다.

디앤티 대전 본사에서 일하는 P 대표는 누가 봐도 한결같이 일관성 있게 일을 열심히 해 온 사람이다. 창업 멤버 중 한 사람인 P 대표는 창업 초기 몸으로 해내야 하는 힘든 일부터 기술적으로 해결해야 하는 중요한 일까지 최선을 다했다. 회사에 여러 가지 크고 작은 문제들이 수시로 발생할 때마다 차분하게 논리를 찾아 도맡아 해결했다. 누가 봐도 능수능란함이나 저돌적인 문제해결형 관리자는 아니지만 차분하게 일을 풀어 완벽히 해결한다. 사장의 신뢰와 믿음이 있었음은 당연했고 지금은 대표이사가 되었다. 창업 멤버이기 때문에 애사심을 갖는 것은 당연하지만, 창업 멤버들끼리 욕심과 갈등으로 회사가 와해된 회사들도 많다. 이를 볼 때 애사심으로 자리를 잘 지키는 일은 회사의 유지, 발전에 매우 중요하다.

'등 굽은 나무가 선산을 지킨다'는 속담이 있다. 쭉쭉 뻗은 멋진 소나무는 다른 재목으로 쓰일 일이 있어 벌써 고향을 떠났다. 인터엠에서 대표이사로 근무하며 30년 넘게 오랜 기간을 애써온 직원들을 여러 명 봤다. 회사가 여러모로 우여곡절도 겪고 인사상 불이익도 있었겠지만, 묵묵히 자기 자리를 지켜온 직원들의 자세는 남다르다. 임원이나 본부장이 되지 못하고, 좋은 혜택을 받지 못했을지라도 일찍 출근하고, 늦게까지 성실하게 일하는 직원들이 있다는 건 회사의 행복이다. 국내외 전시회나 대리점 세미나 같은 해마다 반복되는 회사의 중요한 일, 공사규모가 큰 대형사업에 대응하는 일에는 이들이 산 경험이 되고 후배 직원들의 길잡이가 되어준다. 애사심은 근면 성실한 임직원들의 마음에서 우러나오는 행복한 모습이다.

꿈은 이루어진다

1984년 인켈에 입사하면서 인켈에서 CEO가 되는 꿈을 가졌다. 당돌한 꿈이고 막연한 일이지만 그래도 마음 한구석에 그런 꿈이 있으면 남들보다 애사심을 가지고 더 열심히 최선을 다해 일할 수 있을 것이라는 순수한 마음이었다. 인켈이 인수·합병으로 그룹 회사로 넘어가고, 이런저런 사정으로 회사를 몇 차례 옮기는 일이 생기는 가운데서도 언젠가는 상장회사 CEO가 되었으면 하는 꿈을 버리지 않았다. 스스로 창업을 해서 회사를 키우고 코스닥에 상장해서 CEO가 되든, 누군가가 나의 능력을 인정해서 상장회사 CEO로 선임하든, 막연하지만 꿈을 버리지 않았다.

디앤티 대전 본사가 인수한 B사의 대표이사로 일할 때도 그런 꿈을 가졌지만 이루지 못했다. B사에서 정년퇴직하고 자동차용 AVN 장비를 개발-생산하는 H사 사장으로 초빙을 받아 일하면서도 그런 꿈을 품었지만 예기치 않은 사정으로 포기해야 했다. 투자자문 일을 하며 수많은 스타트업 기업들을 만나서 투자를 해주고 자문해주면서도 그 꿈은 버리지 않았다. 좋은 기회를 만나고, 좋은 파트너들을 만나고, 좋은 조력자들을 만나고, 나를 인정해주는 조력자들을 만나면 언제든 가능한 일이라고 믿었다.

내가 퇴직해서 하고 싶었던 일이 투자자문이다. 보통의 투자자문과는 다르다. 대부분의 사람은 노후를 대비해 몇억의 여유 자금이 있으면 건물주가 되고 싶어 한다. 조물주보다 부러운 것이 건물주라는 인식을 우리나라 국민의 90% 이상이 갖고 있다. 국가적으로는 그 돈은 생산적 투자에 쓰이는 것이 아니고, 묶여있는 자금이 된다. 나는 생각이 좀 달라서 몇억의 여유 자금이 있으면 유망한 스타트업 4~5개를 선별해 분산투자를 해주고, 동시에 자문해주는 조건으로 투자도 해주고 조언도 해주면서, 주주인 동시에 급여를 받는 자문역을 하는 일을 하고 싶은 것이다. 이렇게 되면 스타트업 기업은 투자도 받고, 경험을 가진 자문역도 동시에 모시는 것이다. 나로서는 주주로 참여하는 동시에, 자문역이라는 일자리를 동시에 얻는 방법이다. 스타트업 기업도, 나도 일거양득의 윈윈인 좋은 아이디어라고 확신한다.

2018년 1월, 인켈에 근무할 때부터 친분이 있었던 인터엠 사장님과 식사를 같이 했다. 내가 자문역으로 일하는 걸 아는지 경영 고문으로 일을 좀 해 달라는 요청을 하였다. 요청을 수락하고 3월부터 경영 고문으로 참여했다. 경영 고문으로 일하는 와중에 회사에 말 못할 사정이 생겨 전문경영인을 초빙해야 하는 상황이 되었는데 사장님께서 나에게 대표이사직을 맡기셨다. 그날 밤, 인켈 신입사원 면접 시간에 조동식 선대회장님과 나눈 그 꿈이 이루어진 것인가 하는 생각에 밤을 새워야 했다. 꿈은 이뤘으나 무거웠다.

2021년 7월 9일, 나는 인터엠 대표이사직 3년을 잘 마치고 후계자로서 회사 경영에 같이 참여했던 부사장에게 대표이사직을 넘기는 이·취임식을 끝으로 인터엠을 떠났다. 행복한 중소벤처기업을 만들고 싶은 사장님들과 임직원들에게 평범하지만, 열심히 꿈을 갖고 살아온 내 이야기가 조금이라도 도움이 되었으면 하는 마음으로 변변치 못한 글을 남긴다. 앞으로 건강이 허락하는 한 투자자문하는 일을 통해 선한 영향력을 끼치면서 행복한 중소벤처기업들과 호흡하며 살고 싶다.

사장도 행복하고 임직원들도 행복한 회사

아침 출근길과 저녁 퇴근길, 수많은 사람이 집과 직장을 오간다. 모두 바쁘다. 한가한 사람은 능력이 없는 사람으로 취급받는 세상, 너나없이 바쁘다. 유난히 한국사람들이 바쁜 모습으로 살아간다. 빨리빨리 근성 때문일 게다. 국제도시 홍콩에서 7년을 살면서 사람들이 많이 다니는 관광지나 시내 중심가, 호텔, 특히 식당에서 한국사람들은 금방 알아본다. 빨리빨리 문화에 젖어 기다림에 약하다. 약한 것이 아니라 많이 기다리면 안절부절못하고 화를 내는 민족이다.

대기업들은 조직도 방대하고, 일하는 데 있어 절차를 반드시 준수해야 하는 시스템이 존재하고, 결재과정도 여러 단계라 중소벤처기업과 비교해 일의 속도가 느리다. 벤처중소기업에서 일하는 사장, 임직원들도 일의 속도감에 참 고단함으로 살아간다. 업종별로 차이는 있지만 작고, 좁고, 단순한 생태적 근무환경에서 의사결정도 빠르고,

액션도, 피드백도 빠르게 처리되고 있어 속도감 있게 돌아가는 구조다. 그래야 경쟁이 치열한 생태계에서 살아남을 수 있기 때문이다. 힘들고 어렵게 살아가는 단면이다.

중소벤처기업의 사장과 임직원들은 힘들고 어려운 만큼 행복할 권리가 있다. 회사를 경영하는 사장이 자기만 아는 이기주의라면 상대적으로 임직원들은 불행하다. 일하는 임직원들이 자기들만 아는 개인주의자라면 상대적으로 사장이 불행하다. 노사관계가 그렇다. 한 배를 탄 운명체임에도 사장은 자기 입장만을 고집하고, 임직원들도 자기 이익만 주장하면 그 배는 멀리 못 가고 난파선이 되어 목적지에 이르지 못한다.

38년 동안 몇몇 회사에서 사원으로, 간부로, 임원으로, 상장회사 대표이사로 일하면서 겪었던 일들, 느꼈던 일들, 좋았던 일들과 후회스러웠던 일들을 담담히 담아봤다. 나를 여기까지 있게 해준 에너지는 무엇이었나 생각해 보면 순간순간 열심히 노력하며 쉬지 않고 꾸준하게, 성실하게 일해온 인내력 덕분이라는 생각을 한다. 부족하다 싶을 때는 채우려고 했고, 넘친다 싶을 때는 조금씩 덜어 내려 했었다. 좌로나 우로나 치우치지 않고 중용하려는 균형 잡힌 노력으로 이루어온 결과라고 생각한다.

우리나라 국민의 90%가 몸담은 중소벤처기업에서 행복을 찾아야 한다. 잡기 어렵고 찾기 힘든 일들을 찾아 헤매다가 중소벤처기업에 들어온 직원들을 수없이 만난다. 이들에게 이렇게 말해주고 싶다.
"중소벤처기업의 문은 넓고 할 일은 많다. 더 많은 기회가 있다. 꿈과 희망도 있다. 인생 마지막까지 승부를 걸어 볼 각오를 하면 대기업이나 금융권 임직원들보다, 교사나 공무원들보다 더 멋진 미래를 만들 수 있다."

교사로 평생을 일하다가 정년쯤 되면 교감이나 교장의 직분을 달고 퇴임을 한다. 사고 없이 30년 넘게 장교로 책임을 다하면 영관급이나 장성급으로 군 생활을 마친다. 기업에서 30~40년을 열심히 최선을 다하면 임원급으로, 때로는 CEO로 퇴직한다. 어디서든 이렇게 열심히 살아가면 성공한 인생으로 평가하고 인정하지 않는가? 중소벤처기업에도 그렇게 성공적인 인생을 사는 길이 더 많이 열려 있지 않은가? 조금 부족해도 그곳에서는 기죽지 않고 소신껏 자부심을 품고 살 수 있지 않은가? 퇴직 후에 건강과 시간이 허락하여 조금 더 할 수 있는 일이 있다면 행복하지 않을까?

10% 작은 길로 가려고 고집을 부리며 사는 것은 너무 힘들다. 90%의 길고도 넓은 길, 중소벤처기업의 길에서도 찾을 수 있는 행복은 얼마든지 있다. 행복한 사장을 만나 행복한 회사를 같이 만들어 행복한 직원으로 산다면 그것은 성공한 삶이다. 사장도 행복하고 임직원들도 함께 행복한 회사를 만들어 보자.

행복한 회사에, 행복한 임직원들이 많아지면 행복한 세상이 오리라는 믿음으로 이 책을 바친다.

2021.09

김주봉

행복한
중소
벤처기업

펴낸날 2021년 9월 28일

지은이 김주봉
펴낸이 주계수 | **편집책임** 이슬기 | **꾸민이** 이화선

펴낸곳 밥북 | **출판등록** 제 2014-000085 호
주소 서울시 마포구 양화로 59 화승리버스텔 303호
전화 02-6925-0370 | **팩스** 02-6925-0380
홈페이지 www.bobbook.co.kr | **이메일** bobbook@hanmail.net

ISBN 979-11-5858-814-4 (03320)